红色记忆® 39

神仙山保卫战

海南省文化交流促进会　编

南海出版公司

2014 · 海口

图书在版编目（CIP）数据

红色记忆·第1辑·39 / 海南省文化交流促进会编．
—海口：南海出版公司，2014.11（2025.1 重印）
ISBN 978-7-5442-7515-6

Ⅰ．①红… Ⅱ．①海… Ⅲ．①革命传统教育—中国—青少年读物②革命传统教育—中国—少年读物 Ⅳ．① D642-49

中国版本图书馆 CIP 数据核字（2014）第 263181 号

HONGSE JIYI · DI 1 JI · 39
红色记忆·第1辑·39

作　　者　海南省文化交流促进会
总 策 划　刘　栋
顾　　问　贾延岩
执行总编　任在齐　张　桐　张爱国
责任编辑　聂　敏
封面设计　郑广明
排版印务　魏灵玲
发行总监　杨成春
出版发行　南海出版公司　电话：（0898）66568508　66568511
社　　址　海南省海口市海秀中路 51 号星华大厦五楼　邮编：570206
电子信箱　nhpublishing@163.com
经　　销　新华书店
印　　刷　天津睿意佳彩印刷有限公司
开　　本　787 毫米 ×1092 毫米　1/16
印　　张　6.25
字　　数　100 千字
版　　次　2014 年 11 月第 1 版　2025 年 1 月第 2 次印刷
书　　号　ISBN 978-7-5442-7515-6
定　　价　39.80 元

序

对历史无知的人，没有真正的信仰可言；没有信仰的人，不可能拥有美好的理想，不可能胸怀崇高的情感，也就不可能担负起任何责任。用欲望文化代替历史教育，足以使一个国家的青年被腐蚀、使一个民族的希望被毁掉，使这个国家和民族被永世万代地奴役！

鉴于此，我们呼唤历史，唤回那段属于二十世纪的“红色”历史，唤回那段炮火硝烟、颠沛流离的历史，唤回那冲天的狼烟留下的悲壮回忆、岁月年轮沉淀的斑驳痕迹。历史不应该被忽略，更不应该被遗忘，牢记那段革命战争年代的红色历史更是责任。为了那些不应该被忘却的记忆，为了那些不应该被丢弃的信念，于是就有了这套《红色记忆》丛书。

曾记否，当草鞋与意志丈量出来的两万五千里穿越一个伟大民族五千年的荣辱兴衰，革命的火种被一路播撒、一路点燃。人迹罕至的雪山、荒无人烟的草地被鲜血浸透，衬映出一段光辉的里程；万水千山早已被远远地抛在身后，一轮红日在黄土高原磅礴而起。满目疮痍的河山在 1936 年 10 月温暖如春……

曾记否，当生命和鲜血浸染的十几年光阴将一种记忆铭刻进一个伟大民族的历史画卷，革命的火焰从星火到燎原。这栏杆拍遍、易水悲歌般的呼号，这折戟沉沙、慷慨赴义的悲壮，这铁马冰河、枕戈待旦的苦战，这红旗漫卷、所向披靡的豪迈……腔腔热血、铮铮铁骨早已被熔铸成一座不朽的丰碑，中华民族从苦难中百死后生的壮丽诗史凝结成了五星闪耀的红色记忆。

曾记否，中华人民共和国成立以来，又有无数英烈接过前辈用鲜血染红的旗帜，或壮怀激烈戍边卫国，或忠于职守鞠躬尽瘁，或绝甘分少奉献大爱，甘做国家强盛、人民富裕的铺路石，成为和平年代民族复兴的荣光，把人民心中的红色记忆浸染得分外鲜艳，永不褪色。

这红色记忆，是信念不衰、志向不改的崇高气节；这红色记忆，是无私无我、生属苍生的博大胸怀；这红色记忆，是敢为人先、披荆斩棘的拓荒精神；这红色记忆，是中华民族最宝贵的精神财富。它告诫我们，人事有代谢，传承无绝期。缅怀先烈精神，继承先烈遗志，是社会的道德和民族的良心，是后来者须臾不可忘怀的本分。

老一代人把历史的真实交付给我们，我们有责任用真实还原历史，传承给下一代，把那段岁月与现在年轻人的生活连接到一起，使他们眼中的历史变得立体、真实、可靠，让历史成为他们前进的动力。本丛书将那些流动的、随时会飘散在时间天际的事件凝固下来，希望透过这些文字、图片，感受到英雄们那坚定的革命信念，感受到那个年代澎湃的革命激情，真切体会那段“红色历史”。

忘记历史，就意味着背叛。让我们重温历史，缅怀先烈，从中汲取力量，毅然前行。

刘栋

目录 CONTENT

陈赓、王根英在上海

口述／王璇梅　整理／李　菁

革命夫妻

1933年12月，二姐王根英在家里被特务带走的情形，王璇梅一直都深深地记在脑海里："那一天，四五个穿长衫的特务找上门来，说要把王根英带走询问情况。家人知道不妙，哥哥便赶紧把特务头子引到里屋，拿出家里仅有的几十块钱想疏通疏通，但磨了一个多小时也没什么效果，还是眼睁睁地看着姐姐被带走了。"当时十一岁的王璇梅现在回忆说，当时陈知非刚四岁，这是他与母亲王根英的最后一面。

在陈知非的童年记忆里，对"父亲"与"母亲"的印象几乎是一片空白，他也是直到查了湖南老家的家谱，才确认自己是1929年出生的。有关母亲的形象，他都是后来一点点建立起来的。

出生于1906年的王根英是家里九个兄弟姐妹中的老二，八岁时便跟着姐姐到纱厂做工。"记得早上四五点钟，天还没亮，妈妈就起来给几个姐姐做早饭，然后上工，晚上六点才下工回家。"王璇梅是家里的老小，比王根英小十六岁，对姐姐的回忆也并不清晰。

1923年，十七岁的王根英转到怡和纱厂做工。此时，恰值中国共产党利用教会的名义，以纱厂工人为对象，开办了工人夜校。好强的王根英是这所夜校的第一批学生。家里的贫苦状况以及在工厂里受到的不平等待遇，使王根英对共产党有了天然的亲近感，她也很快成了工人运动的积极分子。"中国共产党为了配合北伐而举行了三次武装起义，二姐不仅三次武装起义都参加了，而且在第三次武装起义之前，还受周恩来委托把一些枪支拿到家里藏起来。"

王根英是在夜校时认识陈赓的。陈赓追求王根英的方式，也成了后来许多文艺作品重点描绘的一个细节——陈赓对年轻、充满革命热情的王根英产生爱慕之情，就写了一张字条请人递过去。没料到条子传到王根英手里，被泼辣的她认为是扰乱会议，顺手将条子贴在了会场上，成为各代表休息时的笑谈。陈赓一看爱情表白被公之于众，索性又写去第二张，结果又被贴出来，连写三张都是同一个下场。周恩来得知后批评陈赓求爱不讲究策略。后来还是他与邓颖超出面找王根英谈话，最终撮合成了这一对。

"起初，姐姐觉得能说会道又爱开玩笑的陈赓有点滑头，不太同意。"现已八十四岁的王璇梅笑着回忆道。被王根英接受后，陈赓经常跑到王家，跟王根英的父亲聊天，"父亲觉得陈赓口才好，人又机灵，很喜欢他。"王根英八九岁时，家里按当地风俗，给她订了门娃娃亲。与陈赓结识后，她请求父亲为她退掉这门婚事。于是，王父请地方有名望的人士去男方家说情，最后请了一桌酒席，男方只好同意退婚。"那时候一般女孩子订了婚之后再退掉是不太容易的，所以二姐一直很感谢父亲。"

1927年，陈赓与王根英结婚。在王璇梅的记忆里，陈赓每天都是忙忙碌碌的，"好像从来不记得他在家里休息过"，像当时的"白领"一样，每天穿着蓝、灰长衫，或者绸缎上衣，别人问起来，姐姐总回答："我家先生在洋行里工作。"

陈赓与王根英最后一个住处是在上海保定路一个很大的弄堂里，住的是后楼一间小屋，紧挨着凉台。像上海普通人家一样，王根英每天早上起来第一件事就是倒马桶，然后洗刷干净放在凉台上晾干。但陈赓总是不等马桶晾干，抢着第一个用马桶。每逢此时，王璇梅总是偷偷向姐姐告状："姐，马桶还没干，阿哥又抢先用啦！"陈赓听到后得意地哈哈大笑："小妹，拿报纸来。"

还有一次，王根英在气炉上煎河虾，不小心把虾煎煳了，不舍得倒掉，想把煳的部分拿去洗洗后接着吃。但陈赓一把抢过来，往虾碗里吐了几口，一边吐一边顽皮地看着姐妹俩笑："这下不能吃了吧！哈哈！"

可惜在那个动荡的年代里，这样的生活，对这一对年轻的革命夫妻来说显得太过短暂了。

上海岁月

1929年，王根英生下了陈知非，此后很长一段时间，王璇梅都住在姐姐家。一方面是帮忙照看小知非，另一方面——她后来才明白，这也是陈赓出于地下工作的需要，装成一个完整的上海小家庭模式，不会惹人怀疑。

其实从1928年4月，腿伤未愈的陈赓就到特科负责情报工作。对那段时光，王璇梅印象很深的就是搬家，"一个地方住几个月、半年，稍有情况就立即搬家"，每次搬家前，陈赓与王根英都先把她和小知非送到娘家，待安顿好后再把他俩接到新家里去。

陈赓与王根英的第一个家在辣斐德路一间楼下的厢房里，有一天九岁的王璇梅带着只有两岁多的小知非到街上玩，迎面看见英租界的印度巡捕——上海人称其为"红头阿三"。小知非突然用手指着"红头阿三"说："你红头阿三的枪，没我爸爸的好。"

"你爸爸身上有枪？""红头阿三"马上警觉地用上海话问。小知非点点头。

于是，印度巡捕就一路跟着两个孩子到了家里。正在家里的王根英听到

陈　赓

王根英

王根英和陈知非

巡捕问枪的事，愣了一下，急中生智：“有，有枪，是他爸爸在永安公司给他买的玩具枪。”说着她便到放知非玩具的木头柜里，取出一把木制长枪。“红头阿三”找不出什么破绽，只好离开。

王璇梅回忆此事说：“陈赓有一把手枪，每天放在枕头底下。我猜测知非肯定见过，说不定还玩过，所以一直觉得爸爸的枪好。”中华人民共和国成立后，有一次陈赓与王璇梅说起此事：“你们闯了祸，自己一点也不知道，满不在乎的，可把你姐姐吓坏了。”没过多久，陈赓又一次搬了家。

还有一次，王根英带着妹妹与儿子坐一辆黄包车经过外滩南京东路路口时，突然被一男一女两个巡捕叫住，女巡捕很仔细地搜查王根英，而王璇梅只顾东张西望地看四边的热闹。巡捕搜查未果，抬手放人。中华人民共和国成立后，有一次王璇梅与丈夫陈锡联到陈赓家里做客，聊及此事，陈赓还指着她的鼻子说：“你这个小傻瓜，什么也不懂，你二姐把手枪缝在你棉袄里，你一点也不知道。”王璇梅这才知道，姐姐经常趁自己睡觉时把文件和材料缝在她的棉袄里，因为巡捕一般不会搜查孩子。

“有一天，姐夫说带我们去看变戏法，我和姐姐抱着知非坐一辆黄包车，姐夫单独坐一辆，一起到临街的一个小屋里。屋里有个小戏台，里面有不到二十个观众，木头椅子可以移动。变戏法的人拿个空盒子，一会儿变出一把糖来，撒给底下的人，我们小孩子都欢天喜地地吃着糖；一会儿他又拿出另一个空盒子，一下子变出一盒蛋糕，我们又高兴地等着他给大家分蛋糕吃，哪知他一提盒子把蛋糕拿走了……”

过了很多年，王璇梅才想起当时被忽略的一个细节：当她和小知非兴高采烈而又聚精会神地看变戏法时，台下观众席里并没有陈赓，他一直在后台抽空和那个变戏法的人说话。当时只有十几岁的她并不知道，台上那个年轻又“长得不错”的变戏法的人，其实是当时陈赓的上级——大名鼎鼎的顾顺章。而顾顺章就是不听劝阻，在一次变戏法时被抓的。据说当年陈赓到顾顺章家中，发现此人吸毒，回来便感慨地说：“只要我不死，准会看到顾顺章叛变！”他向周恩来汇报了这一忧虑。就在中央考虑将顾顺章调离特科时，顾顺章叛变了。

生离死别

1933 年 3 月的一天，陈赓很晚没有回家，王根英焦急万分。她有预感，这一次，陈赓可能被捕了。

此前，陈赓曾有几次险些被抓的经历。有一次，他在电影院里，与一个认识自己的密探打了个照面，彼此都知道对方的身份，但碍于电影院人多，对方不好下手。结果一散场，陈赓马上从人群中溜走，回家还跟岳母笑着说：“有个‘包打听’想抓我，他哪里抓得住我？”

王家是上海一个再普通不过的平民家庭，对陈赓究竟从事什么工作，不甚了解。家里人只觉得陈赓不简单，“因为他经常把穿长衫的、穿西装的人带到家里”。

但第三次陈赓还是没能逃掉。王根英焦急万分，到处托关系打听，但都没有消息。过度的紧张和忧虑一度使王根英的情绪颇不稳定，甚至出现幻觉。“有时她帮妈妈提水时，看着水说：‘有人头！’”

一天，她带着知非跑到曾经的一个联络点——闸北某酒店继续打探，但还是没什么消息。万分紧张的王根英又出现幻觉，感觉有人来抓她。情急之下，她先把知非从二楼窗口扔了出去，自己又纵身跳下。“幸亏那个楼并不太高，外面又是土地，二姐脸上摔得乌青乌青的，知非的脑袋被摔破了，抱到医院缝了好几针。”

王根英被送到家里养了一段时间，情绪渐渐稳定下来后，又开始出去四处打探陈赓的消息。秋季的一天，她找到曾经的一个工友，未料女工已被收买，第二天就有人上门来抓王根英。

很长一段时间内王根英都生死不明。直到两年后，家人突然收到一封发自南京的信，才知道王根英还活着。原来王根英先是被送进提篮桥监狱，后与帅孟奇、夏之栩、钱瑛等转到南京“江苏第一模范监狱”，经过绝食斗争，监狱方才答应她们提出的与外界通信等条件。

时隔七十余载，想起姐姐，王璇梅还是忍不住难过。“监狱允许她们跟外界通信后，我们可以给二姐寄东西。但我家里很穷，没多少钱，最后只买了一块火腿肉和一袋带甜味的云南大头菜给她。就那一次，现在想想，我们家也对不起姐姐，她吃了那么多苦……”

“我们家里人平时连南京路都很少去，都没坐过火车，没怎么出过门，所以也从来没有想过去南京看她。”王璇梅另一件难过之事是没有去南京监狱里探望过姐姐，从此也永远失去了见姐姐的机会。

王根英在监狱里学会了刺绣，她寄给母亲自己绣的一对菊花枕套，给儿子知非一个绣着老虎的书包，而给妹妹的一对玫瑰花枕头，一直被王璇梅保存至今。

1937 年，王根英作为周恩来亲自点名要求释放的三位“政治犯”之一，重获自由。8 月，出狱后不久的王根英在云阳八路军部政治部和陈赓团聚。陈赓在 1937 年 8 月 27 日的日记里写道：“昨日根英由西安到云阳总政治部，小平同志加菜为我们庆贺，并另辟一室，使我们作竟夜之谈。是晚彼此互诉离情，直达深夜，尚无疲意，其快乐有胜于 1927 年武汉新婚之夕。根英在狱达四年，艰苦备尝，在敌威逼利诱下，始终坚持共产党员的立场，不为动摇，使我对她更加敬佩。”

短暂相聚后，这对夫妻不得不再次分离。几天后，陈赓被正式任命为三八六旅旅长，率部东渡黄河，而王根英则动身前往延安。

1939 年 3 月 8 日，日军“扫荡”河北南部，王根英是一二九师供给部的指导员。当她冲到村外才发现装有文件和公款的包没有带出来。不顾大家劝阻，她执意返身回到村子里，等从驻地取出包返回时，不幸在村口与日军遭遇了，死在敌人的刺刀下。

得到王根英牺牲的消息时，陈赓正率领三八六旅穿过平汉线西进。据说陈赓当时便发下誓愿：三年内不再婚。而他果然也信守诺言。

（本文选自《三联生活周刊》，有删节）

开国大将徐海东的虎气神威

文/叶介甫

徐海东

徐海东，1900年6月17日出生于湖北黄陂。1925年4月加入中国共产党，1925年6月入湖北二师当兵，1926年6月离开这支军阀部队，加入国民革命军第四军。在党领导的长期的革命战争中，逐步成长为我军卓越的无产阶级军事家。从土地革命战争到抗日战争，他驰骋疆场，组织指挥了同国民党和日本帝国主义的无数次战役和战斗，打败了数倍于我之敌，威震敌胆，被誉为虎将。1955年被授予大将军衔。

两次打主攻被称赞为真正的虎将

1932年1月底，蒋介石发动对鄂豫皖苏区的第三次“围剿”，敌军主力沿商潢公路和高店向商城疾进。红四方面军军部根据新的敌情和我军有利条件，部署了杜付店战役，以徐海东所在的红十二师担负杜付店正面阻击任务。

2月初，大雪弥漫，道路泥泞。徐海东指挥三十六团在正面战场上与敌军一部对峙。这时，敌第二师等共二十多个团，突然从河南方向压了过来，徐海东所率三十六团成为敌军的主攻目标。一营苦战一昼夜，损失很大，营、连、排干部大部负伤，前沿阵地被攻破，情况危急。徐海东跑到前沿阵地，脱去棉衣，奔走在白雪皑皑的阵地指挥战斗。警卫员负了重伤，司号员牺牲了，命令无法传达。他接过军号，亲自吹号指挥。战士们见团长上了前沿，退下来的又纷纷冲了上去，负伤的也趴在雪地上端起枪继续射击。在战斗最激烈的时候，徐海东高喊：“共产党员，牺牲也要向前倒！”鼓舞指战员奋勇抢夺阵地。

他带领全团指战员坚守了三天三夜，打退了敌人二十多次进攻。到了第四天，我军包抄迂回敌人的部队赶上来，前后夹击，数万敌军顿时人仰马翻，全线崩溃。这次战斗，历时半个月，毙伤俘敌四千余人，缴枪两千余支。战斗结束后，陈赓来到三十六团，对徐海东说：“这一仗，你们团打得多好啊！”“三十六团算打出来了！”

6月，蒋介石指挥二十六个师又五个旅共三十万人，分三路向鄂豫皖苏区发动第四次“围剿”。由于张国焘采取了错误的作战方针，使红四方面军在反“围剿”开始时陷于被动局面。为了摆脱被动挨打的局面，部队提出离开苏区向西转移。

红四方面军主力西进后，鄂豫皖苏区留下的几支部队指挥不统一，不利于对敌作战，于是便对部队进行了整编，编成红二十五军，吴焕先任军长、王平章任政委，徐海东任副军长兼七十四师师长。

1933年3月4日，敌三十五师一〇四旅进占郭家河。鄂豫皖省委侦知这路敌人装备较差，战斗力弱，又是新接防地，人地生疏，决定集中兵力，乘敌立足未稳将其歼灭，并把主攻任务交给七十四师。5日晚，徐海东率领七十四师和军部特务营开向郭家河，6日拂晓到达郭家河东南戴家岗一带。

徐海东察看了地形，命令二二〇团和特务营迂回到郭家河东北方向主攻阵地，二二二团从郭家河以南和西南配合夹击；地方武装和游击队在周围山头上呼喊鸣枪助威。战斗打响后，敌军一部被歼，其余仓皇逃窜。逃敌窜至二道河东南角，又被我预伏部队包围于一块洼地之中，经过一个多小时的激战，将其全歼。这次战斗我军只伤亡了七人，创造了敌我双方伤亡一百比一的战例。战后，吴焕先在省委书记沈泽民面前称赞徐海东会打仗，说他是一员真正的虎将。

会师整编四战四捷

1934年4月16日，红二十五军与红二十八军在商城的豹子岩会师。次日，两军合编组成红二十五军，吴焕先任政委，徐海东任军长。

7月中旬，红二十五军转移到白鸭山一带，发现敌军分四路包抄白鸭山。徐海东命令部队按兵不动，积极准备干粮、草鞋，等敌人包围合拢后，他指挥

徐海东与吴焕先

部队冲垮其一路，再牵着敌人鼻子向殷家冲方向走。当我军进至长岭岗附近时，徐海东从望远镜里发现敌一一五师三个团在一个山坡上戒备松懈，几门炮架在山头上盲目乱打。敌人未发现我军。我军所处地形极为有利，长岭是个孤岭，敌人难以展开抵抗。徐海东马上命令部队停止前进，让通信员赶快去请政委上来。吴焕先到后，徐海东说："你看看长岭岗上的敌军样子，似乎是个好机会，打一仗怎么样？"

吴焕先政委观察后连声说："对，打吧！"

他俩研究好打法之后，随即命令二二四团团长熊升宽带第一营打掉敌排哨，二、三营攻击岳家沟以南敌之连哨，徐海东和吴焕先各带两个营从正面攻击。长岭岗上顿时枪声大作，红军战士挥舞刺刀，猛扑敌群，混战三个小时，便把敌一一五师打垮了。除敌师长带几百人逃命外，俘敌团以下官兵三千七百余人，缴获机枪六十余挺。这是红二十五军在豹子岩会师整编后的第二个大胜仗。

1934年8月初，红二十五军再次转战皖西北地区。月底，省委为了扩大红军的政治影响，决定攻打英山县城。徐海东奉命带领部队到达英山县城附近后，对敌情地形作了详细调查，得知城里有敌四十七师一个团和十几队民团，工事坚固，碉堡林立，防守严密。他派出一个小分队进行火力侦察，一下伤亡了二十余人。根据这种情况，徐海东建议省委不打英山，改攻太湖。他说："太湖没有工事，没有正规军防守，只有民团，我军远距离奇袭，突然发起进攻，定会使敌人措手不及，容易取胜。太湖是安庆的大门，工商业都较发达，若论影响，不比英山小。"

省委经过讨论，采纳了徐海东的意见。9月3日，徐海东率领红二十五军从英山县城东北的杨柳湾出发，一夜行军九十里，到达太湖县西北的回龙湾。4日下午，部队继续前进，连续急行军一百三十里，于午夜神速地攻下太湖县城，消灭守敌伪安徽省警备旅一部，缴获布匹、药品等大批物资。战后，徐海东带领几名战士清查敌营房货物时，发现敌军用仓库里存放着大宗雨伞。他高兴地对战士说："这是好东西，快派人收好，每人发一把。"他还强调说："要知道，一把伞就是一间房子啊！"

攻打太湖进行抗捐抗税和分粮的斗争。

11月4日，徐海东和吴焕先率领部队经葛藤山到达了光山县城南的斛山寨。部队在斛山寨休息不到两个小时，敌一〇七师、一一七师四个团尾追而至，从东西两面向我军发起进攻。我二二三团遭敌包围，二二四团被敌第四、五支队

压到朱家坳的一片洼地里，难以进行有力的还击。此时，敌机又对我阵地狂轰滥炸，我军处境危急。徐海东和吴焕先一同登上斛山寨附近的制高点，仔细观察和分析了敌我占据的地形与双方力量对比之后，徐海东对吴焕先说：“要以走来摆脱敌人是困难的，只有打垮敌人的进攻，才能继续前进。”

吴焕先同意徐海东的意见，两人商定：由吴焕先指挥七十四师从正面攻击敌第四、五支队，徐海东率二二四团迂回到敌后，攻击敌一〇七师，并协同二二三团攻打敌一一七师。该敌在我军三面夹攻下，纷纷溃乱。战斗从下午打到黄昏，我军共毙伤俘敌四千余人，取得了战斗的最后胜利。

职务降了可指挥打仗的虎气没减

1934年11月11日，中共鄂豫皖省委在花山寨召开会议，传达了中央1934年7月26日《关于组织抗日先遣队的通知》，决定红二十五军向京汉铁路以西实行战略转移。省委还决定红二十五军撤销师一级建制。省委任命程子华为军长，吴焕先为政委，徐海东担任副军长。16日，红二十五军高举“中国工农红军北上抗日第二先遣队”的旗帜，由何家冲出发长征。

长征一开始，徐海东亲自带领手枪排走在全军前头，部队经青石桥、黄龙寺进入桐柏山地区后，蒋介石急令鄂豫皖敌军五个支队共四十多个团跟踪追击，还命令驻河南南阳的敌四十六军、驻湖北老河口一带的敌四十四师迎头堵截。

军部研究敌情时，徐海东提出，桐柏山地区靠近京汉铁路和汉水，地方狭小，难以展开，建议向伏牛山和陕南方向挺进。吴焕先、程子华同意了他的意见。三人分手后，徐海东仍到前卫团。为了甩掉尾追的敌人，他派出一支小部队佯攻枣阳县城，主力隐蔽待命。待敌人扑向枣阳“围歼我军”时，我军主力突然从枣阳城北回头东进，在保安塞冲破敌“追剿队”第五支队的阻拦，转向东北，又在桐柏县歇马岭一带击退敌“追剿队”第二支队的进攻，然后绕道泌阳县城，经马谷田乘虚北进，由方城越过许（昌）南（阳）公路，进入伏牛山区。

11月26日，部队经过一路拼杀经叶县保安镇附近通过许南公路，进抵伏牛山东麓。28日拂晓，敌四十军骑兵五师一一五旅追赶来，先头部队已超过我军，并部分控制了沣河西岸我军前进道路两侧阵地，妄图南北夹击我军。

徐海东率领二二三团抢过沣河，占领河西岸的山口高地，击溃敌骑五师的进攻，控制了入山要道。与此同时，二二五团抢占上马以北高地，击退敌骑兵团和一一五旅的进攻，掩护二二四团过河。

1934年12月9日，我军西抵洛南县庾家河。10日中午，省委正在庾家河开会，敌六十师从鸡头关方向发动突然袭击，所属三五六团已抢占了东山坳口有利地形，向我军猛攻。省委立即停止会议，由徐海东率领二二三团冲过去夺回了东山口。接着，二二四团打退了敌人进攻。敌军两个团又增援上来，组织反扑，全线展开激烈的争夺战。红军从军长到伙夫都投入了战斗，从中午一直打到黄昏，反复冲杀二十余次，终于将敌人打败。

这次战斗，共杀伤敌人一百余人，我军伤亡二百余人，程子华负重伤；徐海东被一颗子弹从左眼底下打进去，从后颈穿出，伤势比以往都重。抬下阵地后，徐海东四天四夜昏迷不醒。到第五天，徐海东醒了过来，问："现在几点了？部队该出发了吧？"

守在旁边的女护士周东屏高兴地回答："还出发呢！四天四夜不省人事，真把人急死了！"

徐海东含笑地说："我可不急，倒是睡了好觉！"

1935年5月初，红二十五军转入龙驹寨。这时，蒋介石命令杨虎城指挥四十一个团的敌军向我进行反革命"围剿"。下旬，省委在郧西开会研究反"围剿"的作战方针和计划，吴焕先请徐海东先提个方案。徐海东首先分析了敌我力量对比，认为正面阻击对我不利，敌人可以用十个拼我们一个，结果我们的人拼光了，敌人还光不了，因而建议采取"先疲后打"的方针。省委与会同志一致赞成徐海东的建议。

6月初，徐海东带领一个手枪排走在全军的前头，按照预定路线，跳出敌人包围圈，先向北，后向南，再转东南，拖着敌人走。6月15日晚，手枪排在徐海东带领下冒充敌四十四师部队，通过敌人封锁线，一夜急行军一百三十余里，16日中午前到达荆紫关，一举打垮守敌一个营，活捉敌肖之楚师的军需长，全歼守敌。随之，敌六十七军三个师，四十四师和陕军警备旅向荆紫关蜂拥追剿过来。但敌之"围剿"部署已乱，敌军被拖得相当疲劳，患病和逃亡的很多，尾追的四十四师大部分连队减员三分之一以上。我军在荆紫关补充了给养和武器弹药，当晚，又开始了急行军。第一天走了一百四十多里路，第二天又走了一百四十多里，翻山越岭，接连走了四天，进入了陕南山阳县，在黑山街一带驻下，隐蔽待机歼敌。

等到第四天，杨虎城的警备一旅赶来。徐海东指挥红军主力埋伏在袁家沟口，命令一支小部队将敌军诱进袁家沟口布下的包围圈内，霎时，伏兵四起，打得敌人措手不及。经过八小时拼杀，我军毙伤敌三百余人，俘敌旅长唐嗣桐以下官兵一千四百余人，缴获各种枪支一千六百余支（挺），其他敌军闻风逃窜，反革命"围剿"被彻底粉碎。

劳山战役活捉东北军团长高福源

1935年9月18日，红二十五军和陕北红军合编为红十五军团，徐海东被任命为军团长，程子华为政委，全军七千余人。

此时，敌人已发起对陕北苏区的第三次"围剿"，敌军除原在陕北的四个师外，东北军也从豫陕一带调到陕北。9月19日，省委主持召开军事会议，研究对敌作战方案。有人主张打北路，吃掉米脂方向之敌；有人认为打东北军，才能打破敌人的"围剿"。徐海东说："东北军是我们的老对手，他们的'脾气'我们摸得很透，打他们比较容易。只要打垮东北军一路，陕北形势就会发生变化。"在打法上，徐海东又提出"调虎离山"，用围攻甘泉的办法，调动延安的敌人，拦路打他们的埋伏。与会者经过讨论，一致赞同徐海东的意见。

作战方案定下来之后，部队经过三天的急行军到达甘泉以西的王家坪休息，在甘泉以北的劳山公路两侧埋下了伏兵。第三天下午，敌一一〇师师长何立中，率领几千人马，两路齐头并进，钻进了我军的埋伏圈。我军发起猛攻，两边山头上机枪、手榴弹一齐打向沟底公路上的敌群，打得敌人抱头鼠窜，豕突狼奔，各逃性命。红军战士边打边喊：“缴枪吧！放下武器，一律优待！”有的敌兵当过几次俘虏，了解红军的俘虏政策，纷纷缴枪。经过六个多钟头的激烈战斗，敌一一〇师全部被歼，三千余名敌军当了俘虏，敌师长和参谋长均被打死。

为了扩大战果，徐海东率领二二三团又于25日乘胜强攻榆林桥，消灭了敌一〇七师四个营，俘虏了敌团长高福源。高福源原系北京大学学生，又毕业于东北讲武堂，曾当过张学良的警卫营长。他被手枪团清查出来后，在徐海东面前装得很硬气，说：“要杀就杀，随你们的便！”

徐海东扬起马鞭，本想抽他几下，但一转念头，还是放下手臂，冷笑着说：“哪个要杀你！你是东北人，现东北三省被日本强占了，你的父兄成了日本强盗的奴隶，你要有点骨气，为什么不去打日本人？你们东北军弟兄，见了红军，枪都朝天放，你还充英雄好汉，跟红军拼杀！”说得高福源低下了脑袋，不吭声了。

在我党的耐心教育下，高福源有了很大转变，他主动要求去做张学良的工作，成为红军和东北军建立统一战线的牵线人，后来还光荣加入了中国共产党。

拿手好戏“先疲后打”在东征战役中发威

1936年2月，红一军团和红十五军团组成中国人民红军抗日先锋军，在毛泽东、彭德怀的统率下，渡河东征。2月20日，红十五军团由徐海东、程子华率领从舍峪里渡河。两个军团过河后，同阎锡山的三个师、一个炮兵旅共十四个团的优势兵力打了一仗，歼敌约两个团。随后，根据毛泽东“兵分两路、各撒一网”的指示，徐海东率红十五军团经临汾、文水东进，前锋进占离太原只有五六里路的晋祠。沿途发动群众，宣传群众、扩大红军队伍、筹款、征集物资，为抗日战争作准备。

3月下旬，抗日先锋军总部决定，兵分三路，红十五军团为左路军，北进至岢岚、岚县一带。此时，阎锡山急调他的主力部队十五个团向红十五军团猛扑过来。徐海东采用他的拿手好戏“先疲后打”战术，率红十五军团北上，拖着敌人十几个团从晋中走到晋西北。4月下旬，蒋介石派出十个师和阎锡山的五个师另两个旅，向我军压来；黄河以西陕西境内的东北军、西北军，在蒋介石的驱使下，也企图沿河北上，卡住黄河渡口，消灭我军于隰县、石楼一带。根据党中央提出的“停止内战，一致抗日”的主张，中央军委立即决定，抗日先锋军西渡黄河，回师陕北。

在回师的路上，由于刚下过雨，道路泥泞，黄河渡口渡船太慢。徐海东有些发急，骑马飞奔向渡口查看。快到渡口附近，突然一个战士从队列中闪出，徐海东怕战马冲倒战士，急忙两手勒住，结果马头猛一甩，把他从马背上甩下来，摔在一块石头上，碰得头破血流，两颗门牙也跌掉了，在担架上睡了三天三夜才醒过来。一位跟随徐海东多年的马夫嘟嘟囔囔要给那个战士处分，徐海东批评他说：“没有把人踩死，还要处分人，哪能有这个道理！”

不久，召开东征战役总结大会，毛泽东在讲话时还风趣地说：“我们东征取得了很大胜利……只是徐海东丢掉了

两颗门牙，找不回来了！”说得全场干部大笑。

虎将的遗憾和悲歌

1937年7月，全面抗日战争爆发不久，中国工农红军改编为八路军，徐海东被任命为八路军一一五师三四四旅旅长。

1937年，徐海东等在延安合影。左起：李隆贵、郑位三、程子华、徐海东、陈先瑞

11月，太原失守后，徐海东出兵河北，深入华北敌后开展山地游击战，伏击正太路和平汉路之间的日军。半年多来，徐海东率部从山西打到河北，日夜转战，驰骋数千里。由于劳累过度，他开始大口吐血，病倒在华北战场上，只好回延安治病。

1939年9月15日，徐海东随刘少奇离开延安到华中，被任命为新四军江北指挥部副指挥兼第四支队司令、中共中央中原局（后改为华中局）委员。12月18日，驻南京、明光、蚌埠一线的日军两千余人分四路合击周家岗，徐海东率领部队迎击。战斗从21日打响，到24日结束，我军打垮了周家岗日军一个整营，毙伤俘敌军一百六十余人，活捉了一个日军分队长。不久，徐海东在给营以上干部作报告时，突然口吐鲜血，又病倒了，病情一天天严重，以至于卧床不起。

皖南事变后，抗战形势日趋紧张。徐海东感到国难当头，自己却长期患病不能为国出力，心情急躁不安，因而病情时不时加重。华中局把徐海东的身体状况反映给毛泽东。5月，毛泽东亲自给徐海东来电，要他“精心养病，天塌不管”。徐海东看了电报，感动得掉了泪。他让秘书把那八个字用毛笔写在月份牌上，放在担架上，借以控制自己的急躁情绪。

抗日战争的后五年，徐海东基本上是在担架上、病榻上度过的。第三次国内革命战争开始时，徐海东病情稍有好转，但仍不能起床。全面内战爆发后，我军撤出华中地区，徐海东随后方机关转移到山东诸城、莱阳等地休养，直到全国解放。党中央没有忘记徐海东，1955年，徐海东被授予大将军衔。

（本文选自河北党史网，有删节）

打响抗美援朝“第一枪”的开国中将温玉成

文／颜梅生

温玉成

温玉成（1915年—1989年），曾用名温振兴，江西兴国人。1929年加入中国共产主义青年团。1930年参加中国工农红军。1932年加入中国共产党。土地革命战争时期，任红三军第七师二十团宣传员，兴国县警卫营干事，独立第十二团总支书记、政治部主任、政治委员，红八军团第二十一师六十二团政治委员、军团直属队总支书记，红五军团骑兵团政治委员。参加了长征。抗日战争时期，任中国人民抗日军政大学区队长，新四军政治部组织科科长，第三支队政治部组织科科长，江南人民抗日救国军第三纵队纵队长，新四军第六师十八旅旅长兼政治委员，苏中军区第一军分区司令员。解放战争时期，任松江军区第一军分区司令员兼政治委员，东北野战军独立二师师长、东北野战军第四十九军第一四五师师长，第四野战军第四十一军副军长。中华人民共和国成立后，任中国人民志愿军第四十军军长，广州军区参谋长、副司令员，中国人民解放军副总参谋长兼北京卫戍区司令员，成都军区第一副司令员。1955年被授予中将军衔。是中国共产党第七次全国代表大会代表，第九届中央委员。

乞讨追部队

1936年10月，红四方面军、红二方面军在会宁与红一方面军胜利会师。

为了打通通向苏联的道路，开创西北抗日新局面，红四方面军的红九军、红三十军和红五军，两万余人，渡过黄河，奉命组成西路军，向甘肃西北、新疆方向执行西征的任务。

西北军阀马步芳唯恐红军进入新疆，下令“死力堵截，阻止红军西进和东下”，并决计要将西路军消灭在河西走廊。西路军要想取胜，马步芳的骑兵是一个极大的威胁。为此，红五军专门成立了一个骑兵团，准备与之抗衡，由温玉成担任骑兵团政委。温玉成对骑兵团进行了多种形式的训练和思想教育，并身先士卒地投入行军和战斗。1936年12月30日，红五军攻下河西重镇临泽县城，歼敌三千余人。次日，又攻占了高台县城，守敌保安队、民团共一千四百余人全部投降。

红军攻占高台，令马步芳狗急跳墙，遂派出五个骑兵旅、两个步兵旅及一个炮团和一个民团两万余敌军，以八倍于红军的兵力，向高台的三千红军发起了疯狂的进攻。

高台城墙其实只不过是一个大土围子，高不到六米，且顶上狭窄，很难组织火力坚守。而红五军却接到命令，必须守住高台，策应其他部队的战斗。

为了守住高台，温玉成动员军民把木箱、木柜抬到城墙上，填满沙土，泼水成冰，以加固加厚城墙，并不分昼夜地组织锻造大刀、长矛，以补充弹药的不足。

马匪连续数天的反复炮轰、冲杀，虽均被红军打退，但红军由于没有补给，直至弹尽粮绝，伤亡越来越大。温玉成和战士们只好用大刀、枪刺、石头与马匪拼杀，甚至抱住敌人一道滚下城墙，同归于尽。1937年1月19日晚，大部分红军战士壮烈牺牲。20日，红五军血战八天八夜后，终因寡不敌众和收编民团的叛变，高台被马匪攻破。左腿负伤的军长董振堂被马匪杀害，头颅被悬挂在高台城楼上。温玉成因腿部负伤而被俘，被马匪关押在兰州。后来，温玉成乘敌人不备，机智逃脱，忍着伤痛，沿途乞讨，经过一个多月的艰难行走，终于在甘肃平凉附近，回归革命队伍。

血战南横套

抗日战争时期，温玉成任新四军六师第十八旅旅长兼政委。1941年7月，日伪为了消灭东路地区抗日力量，悍然决定实行“清乡”。沙洲县作为东路抗日根据地和苏中抗日根据地之间的重要战略通道，既是敌我双方争夺的重点，也是日伪军进攻的重点。因而一开始，常熟、江阴两县的日伪军倾巢进入沙洲县，仅大小据点就设置了四百三十多个。为了保卫沙洲，保卫根据地的畅通，1941年9月，温玉成率领警卫一团两个连奉命前往，开展反“清乡”斗争。温玉成率部刚渡过长江，来到沙洲桥头堡，就被敌人发觉并紧紧咬住。敌人一边派船封锁长江，切断新四军的退路，一边调集重兵合围。温玉成带领部队在大新、锦丰沿江地区与敌人周旋，但很快便发现身边到处都有敌人。一次刚向师部发完电报，敌人便到了跟前。有时甚至在离部队一百多米的草丛中也有敌人。一晚数战、几经周折，终于等到天亮。考虑到地形不熟、地域狭小、敌我兵力悬

殊，为保存实力，温玉成决定撤出沙洲，到澄西与新四军六师会合。并由共产党员、共青团员为骨干组成突击队，由温玉成带领，于晚上向西南方向掩护突围。午夜时分，部队摸索着来到后塍东面的徐家高桥。该桥下是河面开阔的南横套河，由于正值大潮汛，长江之水横冲直撞，波涛滚滚，漩涡四起，而桥已被敌人拆毁。即使这样，部队的行动也很快被桥上据点的敌人发觉，并遭到敌人拼命扫射。附近的日伪军听到枪声，也立刻从西面包抄过来，情况万分危急。温玉成一面组织强行渡河，一面命令突击队发起反击，以阻挡敌人，争取时间。由于突击队很多人不会游泳而又无任何渡河工具，大家只得解下绑腿布，缠在腰上，由会游泳的同志拉着过河。然而大部分同志下河后，由于绑腿布突然断裂，警卫一团政委曹德辉等十八位同志，立刻被汹涌的河水吞没，壮烈牺牲。见温玉成渡过了南横套，敌人进一步加强了围追堵截。由于道路不熟，突击队大部分指战员一路上纷纷失散。警卫一团参谋长陈新一带领的部分突击队渡过南横套后，因找不到先期渡河的部队，便按照计划直奔澄西方向。谁知，天亮时分在云亭马家村隐蔽时，被二百多个日伪军团团包围，经奋力拼杀，仅有四人突围，陈新一和他的未婚妻原常熟县委妇女部部长朱爱农等全部壮烈殉国。最后，只有少数同志跟随温玉成到达澄西。

此后，温玉成率部开辟了澄锡虞地区及江高宝地区的敌后抗日根据地，闻名遐迩的京剧《沙家浜》便是以其十八旅为原型而创作改编的。

“铁脚师长”走天下

1943 年 12 月，温玉成到延安中央党校学习。抗日战争胜利后，温玉成率一百多名干部准备返回华东地区工作。刚行进到太行山区，中央又发来电报命令他们改变方向，不去华东而去东北。1945 年 11 月，温玉成率部赶到东北找到了陈云及林彪，编入东北民主联军的战斗序列。很快，温玉成把一个架子团发展成三个团五千二百多人，编成独立二师并担任师长，投入解放战争。

温玉成小时候放牛、打柴，练就了一双“铁脚板”。经过战争和长征，更练得健步如飞。快速行军，穷追猛打，也就成了独立二师的作战特色，温玉成也因此被誉为“铁脚师长”。

1946 年 5 月的夏季攻势，独立二师攻取盘石后，温玉成得知，敌守备海龙城的第二十一师撤往吉林，在聂家窝铺遭遇独立二师卫生队后，绕道而行。遂立即集合全师主力猛追，途中一天一夜没有吃饭和休息，一些战士累得吐血，但温玉成却一直走在前头，后在双阳县集昌镇追上并歼灭敌人大部。驻在另一村的敌人被惊动狂逃，温玉成再次亲自率领一个团咬牙紧追。又是一天一夜不休息，终于在双沟镇追上并消灭了这股已经累瘫了的敌人。一个敌军官感慨地说：“你们真是‘铁脚板’‘飞毛腿’，我们怎么抵得住这么穷追猛打！”

在 1947 年的秋季攻势中，温玉成率独立二师长途奔袭长春陶屯火车站，隐蔽行军三天，11 月 5 日，突然攻入车站，歼敌一个加强营，截断了敌人的运输线。随后又绕道急行军三天，出现在长春米沙子以北的火车站，对敌人发起进攻。战斗结束后，敌人调兵遣将赶来决战时，独立二师已消失得无影无踪。

1948 年 6 月，独立二师改编为第

十二纵队三十四师，温玉成任师长。温玉成发挥能走的特长，率三十四师大步进退，在长春和开达之间往返拉锯四次，使沈阳的敌人无力北援，长春的敌人也不敢南逃。10月19日，长春和平解放后，沈阳等地的守敌纷纷弃城而逃。温玉成奉命拦截，他率三十四师赶到铁岭时，守敌一一六师及守备纵队正弃城南逃。他命令部队跑步赶在敌人前头，通过炸毁敌人的装甲车堵住公路。经过一天的激战，俘虏敌军少将守备司令彭定一以下四千余人。紧接着，温玉成又率部插到沈阳以南的鞍山一带，堵住从沈阳出逃的敌二〇七师，迫使敌人在白塔铺、梦子山一带缴械投降。仅十几天，三十四师便歼敌两个师。

1948年12月4日，温玉成从白塔铺出发，长驱一千五百多里，参加天津战役，担负攻击城南的任务。碰巧的是，敌城南守军番号也是第三十四师。1949年1月16日，温玉成指挥我三十四师避开敌人据守的大路，从冰河突破，向河堤两翼发展，经过一昼夜的激战，不仅夺取城南阵地，还俘虏敌三十四师四千多人。

入朝“第一枪”

1950年10月19日，以美国为首的“联合国”军在攻陷平壤后，疯狂地向中朝边境推进，妄图在11月23日占领朝鲜全境。危急关头，中共中央、毛泽东主席应朝鲜党和政府的紧急要求，作出“抗美援朝，保家卫国”的决策，毅然派中国人民志愿军入朝，和朝鲜人民并肩抗击侵略者。

1950年10月，时任四十军军长的温玉成率四十军，所辖第一一八师、第一一九师、第一二〇师，从安东出发，首批跨过鸭绿江。四十军的前身是东北野战军的王牌部队，被称为“旋风纵队”，战功显赫。温玉成能担任王牌军的军长，足见中央军委对他的器重。

按彭德怀司令员的部署，志愿军入朝后，首先在清川江以北的德川、宁远一带建立起防御线，以遏制“联合国军”的攻势，稳住阵脚后，再伺机转入反攻。被胜利冲昏了头脑的“联合国军”，仍然趾高气扬，长驱直入。就在温玉成的四十军先头部队到达德川、宁远后，美军也几乎同时到达。

1950年10月24日，温玉成接到志愿军司令部电令，要其立即派出一个师赶赴大榆洞附近。

深夜时分，温玉成路过大榆洞时，向彭德怀报告说自己两个先头师第一一八师和第一二〇师已经到达北镇以东和云山以北，军部也准备随第一一八师赶到北镇。彭德怀要求：“第四十军是先头部队，要打头阵。出国第一仗要打得漂亮，打出威风，打掉敌人的嚣张气焰，掩护志愿军主力的集结与展开。如果情况有变，你们就要独立自主，果断处置，运用阻击、袭击、伏击等手段，不失时机地歼灭敌人。”此时，“联合国军”伪六师主力已经占领温井，并要经过丰下洞、两水洞、北镇去鸭绿江边的碧潼。温井是个公路交叉点，距北镇仅十七公里。其间有一条南北方向的河川谷地，东侧是起伏的山峦，居高临下，便于发挥火力；西面是二十多米宽的九龙江，江的西面又是大山。东西两山之间，公路和江流两侧是已收割完的稻田。温玉成知道这是一个理想的伏击地带，决定就在这儿打敌人一个伏击，并立即进行了部署。

10月25日早上9时许，伪六师二团出了温井。11时许，出现在埋伏的一一八师三五四团和独一师一团及突击营眼前。突然，敌坦克停了下来，在路边开始煮狗肉。基于后面敌人的一个步兵营和炮营还没进埋伏圈，温玉成遂临时决定先放过步兵营和炮营，让三团在前面伏击之。由于刚挖战壕的新土引起了敌人的怀疑，敌人突然开枪了，三团也立刻回击，战斗打响了。三五四团和独立一师一团听到枪声，也立刻向正在吃狗肉的敌坦克连展开了攻击。战斗打得异常激烈且惨烈。三连三班班长石宝山在迎击敌人第八次冲击时，因弹药耗尽，便抱着仅剩的两根爆破筒，高呼“同志们守住阵地，为祖国争光”扑进敌群。排长刘汉升等十八名战士呐喊着跃出工事，用刺刀和石块将敌人赶出阵地，最终血染沙场。五连在机枪全被打坏，弹药大部消耗完，伤亡又很大的情况下，仍坚守阵地。因为不断有人牺牲，光代理连长就换了四人。14时30分，第一一八师令第三五三团第一、第三营出击，配合第三五四团第三营将进至两水洞、仓洞的敌尖兵连和炮兵中队歼灭。敌第二团主力为解救被围的第三营，以一个营的兵力，向扼守二一六高地和四九〇点五高地的第三五四团第二营进攻十余次，均被击退。战斗至15时30分结束。

此战，共歼灭敌军一个步兵营和一个炮兵中队，毙伤俘四百八十五人（含俘美军顾问一人），缴获各种枪一百六十三支、火炮十二门、汽车三十八辆。当夜，第一一八师与第一二〇师一起，乘胜攻占了温井。第四十军的胜利，在战役上，揭开了抗美援朝战争的序幕；在战术上，为志愿军主力夺得了先机；在战略上，振奋了民心士气。这场胜利还享有诸多第一：打响了抗美援朝第一枪，出现了第一位与敌人同归于尽的英雄石宝山，产生了第一位“反坦克英雄”秦永发，击毁了敌军第一辆坦克，活捉了第一批敌军俘虏……彭德怀对此高度评价说：“四十军首战，打响了志愿军入朝参战第一枪。”消息传到中南海怀仁堂，毛主席当即表态，10月25日，应当成为志愿军出国纪念日。

此后，温玉成率四十军参加了第一次至第五次战役、1953年春反登陆作战准备，直至1953年7月朝鲜停战后回国，成为为数不多的全程参战的军长。三年中，四十军毙伤俘敌四万三千三百余名，名震朝鲜半岛。

（本文选自《党史博采》，有删节）

沈东平血染马路口

文/佚　名

沈东平

沈东平（1905年—1938年），原名张秉乾、河南舞阳人。十八岁考入吴佩孚的学兵队，后到冯玉祥的西北军。1929年在西北军中秘密加入中国共产党。1933年受中共中央北方局派遣回河南，曾任中共许昌中心县委书记，中共河南省临时工委负责人。抗战全面爆发后，任中共河南省委委员兼豫东特委书记，在豫东领导抗日武装斗争。1938年7月29日，率部在河南睢县与日军作战中壮烈牺牲，时年仅三十三岁。

早在全面抗战爆发前，沈东平就到西华，对掌握地方武装的胡晓初、屈申亭、侯香山开展抗日民族统一战线工作，使他们对中国共产党的抗日民族统一战线政策有了较深刻的认识，毅然把数百人的武装交给共产党，走上了无产阶级革命道路，他们三人先后加入了中国共产党。这一时期，沈东平所做的大量统战工作为豫东组建抗日武装创造了条件。

1937年11月，具有民族正义感的楚博担任国民党西华县县长。沈东平主动接触楚博，与楚博多次交谈，使他充分了解中国共产党抗日民族统一战线政策，并使他从西华高涨的群众救亡活动中认识到共产党抗战政策的正确，真正感受到了共产党团结抗战的诚意。楚博佩服沈东平组织群众救亡的才干，聘请沈东平任县政府秘书，全县大小事情都与沈东平商量。沈东平极力说服楚博，革新政治，把全县原来的四个反对开放民众运动的顽固区长全部革职，委派魏风楼、胡晓初、屈申亭、侯香山担任区长，并把全县所有破坏抗战、消极抗日的联保主任、保长统统撤掉，换上爱国抗日、决心献身于民族解放事业的进步人士。沈东平还领楚博到陵头岗参观中共豫东特委办的抗日干部训练班。参观后，楚博也在县城连续办了两期抗日干部训练班，请中共豫东特委派人主持。沈东平不仅亲自去训练班讲课，还经常深入学员中间，一起啃窝窝头、睡大铺，与他们谈心，交朋友，给予生活上和政治上的关怀。

中共豫东特委与楚博建立合作关系后，沈东平又通过楚博与国民党淮阳专员刘莪青建立了联系。当沈东平提出帮助专署把抗日活动从西华推向全区时，刘莪青非常赞成，聘请沈东平为专署秘书，共商全区十余县抗日大事。在沈东平的领导下，中共豫东特委通过大量的统战工作，以西华为中心，在整个豫东掀起了轰轰烈烈的群众救亡运动。各县都建立了自卫队、姐妹队、儿童团等救亡团体。这些被组织起来的群众，白天参加劳动，晚上站岗放哨，唱救亡歌曲。群众性救亡运动的开展，为豫东抗日武装的建立奠定了基础。

1938年5月，日军铁蹄踏入豫东。为开展敌后游击战争，沈东平和中共豫东特委着手组织抗日武装。沈东平首先征得楚博同意，以西华县政府名义，号召群众“有钱出钱，有枪出枪，支援抗日”。以县保安大队和四个区的武装力量为基础，迅速组成三千人枪的西华人民抗日自卫团，不久改名为西华人民抗敌自卫军。楚博任司令（此时已加入中国共产党），魏风楼、胡晓初、屈申亭、侯香山任副司令，沈东平任参谋长。自卫军内建立了政治工作制度和中共党组织。沈东平除了抓部队严格的军事训练外，对部队的政治思想也抓得很紧。他经常深入部队讲形势，讲任务，讲八路军的光荣传统和作风，讲国难当头，要为国出力，为民报效等。他还组织部队大唱救亡歌曲，活跃政治文化生活，使部队充满旺盛饱满的革命激情。

7月，中共河南省委指示西华人民抗敌自卫军东渡新黄河，深入睢杞太地区开展敌后游击战争。中共豫东特委决定由沈东平率一、三支队和手枪中队一千五百余人，作为第一梯队先行出发。当时，部队内部少数人眷恋故土、不愿离开家乡。沈东平对战士和家属耐心讲保家卫国的道理：“鸟爱巢，不爱树，大

树倒，往哪住！”通俗的语言、深刻的哲理，使部队官兵懂得：只有赶走侵略者，才能不当亡国奴，有国才能保住家！一位战士含着泪水对沈东平说：“不赶走日军，我决不回家！”

16日拂晓，一阵紧急的集合号声在自卫军驻地响起，第一批东征的指战员披挂整齐，集合在操场上。战前动员之后，战士们个个摩拳擦掌，发出誓言：“不把日军赶出中国去，誓不回家！”周围群众很早来到道路两旁，敲锣打鼓，燃放鞭炮，欢送自卫军出征。他们把早已准备好的鸡蛋、馒头、毛巾……往战士口袋里装。乡亲们送了一程又一程，一直送到新黄河边上，望着沈东平率东征战士登上帆船，驶向东岸。

沈东平带领部队行至太康县转楼村，豫东抗日第三游击支队司令员吴芝圃专程来此迎接。两支武装会合，旧友新知，相聚一堂，心情兴奋异常。吴芝圃、沈东平分析敌情后，确定三支队活动在傅集一带，于是西华自卫军向睢县南部挺进，待机消灭出城骚扰的日伪军。

沈东平率自卫军进入睢县境，首先消灭了勾结日军的潮庄土匪武装董尉庭部三百余人，旗开得胜，士气大振。随后，部队进驻睢县平岗北部朱庄、孔庄一带。7月27日下午侦悉，驻睢县日军一部押大车数辆，出城给驻城南河堤岭的日军据点运送弹药、给养。沈东平决定抓住这个机会，在敌必经之路马路口设下埋伏，夺取敌人的辎重。

次日晨，沈东平亲自率领王华山的手枪中队和两个排来到距河堤岭只有两公里多的马路口，把部队部署在村北公路两侧的高粱地里。高粱叶声哗哗，一片战前的宁静。战士们透过高粱叶的间隙，监视着公路。上午10时，西北角的公路上扬起一片尘土，日军七八十人，拉着两门炮，扛着四挺机枪，押着大车向马路口缓缓而来。不一会儿，全部敌人进入了伏击圈，沈东平喊了一声“打”，机枪、步枪、手榴弹像雨点一样一齐向敌人射击。日军遭到突如其来的袭击，一时晕头转向，叽里呱哇地乱作一团，丢下车辆，滚的滚，爬的爬，慌忙爬到路壕里，漫无目标地射击。十余名日军的尸体歪歪斜斜地倒在公路上。稍停，敌人从惊恐中清醒过来，兵分两股，一股就地抵抗，一股向马路口迂回，企图抢占有利地形。沈东平立刻命令王华山带队阻击敌人，自己则带领十七名战士，径直占领村东北角公路西侧的一座两层堂楼。堂楼北边面对敌人方向有个水坑，敌人难以接近。沈东平指挥战士居高临下，猛烈射击，楼前、坑旁躺下十余具尸体。河堤岭据点的日军闻声立即向马路口扑来。沈东平等十八名勇士占据的堂楼腹背受敌，战况急速恶化。王华山带领手枪队立即发起冲锋，向沈东平靠拢。日军用轻重机枪封锁道路，手枪队无法靠近堂楼，只好撤退。此时，驻平岗的西华自卫军赶来增援，亦被敌所阻，无法助战。日军屡攻不下，气急败坏，即用钢炮、轻重机枪向堂楼猛烈射击。堂楼壁穿瓦崩。沈东平临危不惧，沉着指挥，打得日军在水塘边、墙角处丢下了四五十具尸体。狡猾的敌人又在堂楼后墙挖了一个洞，向楼上扫射。沈东平急忙组织火力，封堵墙洞。突然，飞来一颗子弹打中了沈东平的右臂，两名战士为他包扎后，他忍着剧痛继续指挥战士们奋力还击。

下午2时，敌人的又一次反扑被打

退后，沈东平的腿上又负了伤，多数战士已躺在血泊中，余下四名战士紧紧地围在了沈东平的周围，决心誓为抗战死，不当俘虏兵！残忍的日军又发射了燃烧弹，楼内燃起了熊熊烈火。情况万分危急，战士们要背起沈东平向外冲，沈东平坚决不让，他说："你们还年轻，革命的道路还长，我掩护你们突围。"四名战士谁也不肯挪动一步，沈东平一字一顿地说："服、从、命、令！"他边说边用手撑着身子，倚在墙上，持枪向敌人射击。战士们无可奈何地向前迈了几步，忽然听到扑通一声，沈东平倒下了，鲜血从他的腹部涌出。他看到战士又转回来，严厉地命令："快冲出去！"四名战士下楼时还看见参谋长向敌人投出一颗手榴弹。当幸存的一名战士刚冲出包围圈时，整个堂楼已被大火吞噬。

日已偏西，枪声停止，日军匆匆撤去。自卫军官兵奔进村子，眼前的一切使他们惊呆了——楼房在冒烟，沈东平等烈士的遗体横躺在楼房内、楼道口、小院里，指战员见此情景，无不悲痛欲绝。当天，三支队特务队队长苗泽生带领群众，将烈士们的遗体安葬在平岗学校操场的北侧。

7月29日，西华抗日武装和睢杞太抗日武装在烈士墓前召开追悼大会，沉痛悼念沈东平和马路口牺牲的抗日勇士。会场上的哭泣声、哽咽声惊天动地。吴芝圃在会上号召全体指战员化悲痛为力量，消灭日本侵略军，解放沦陷区的人民，为烈士报仇。中共河南省委军事部长彭雪枫听闻后也赶到西华，慰问沈东平家属，并将噩耗电告了中共中央毛泽东主席。

而今，在豫东的原野上，沈东平烈士洒下的血渍已无处寻觅，它已深深融入祖国大地。然而，中原人民永远不会忘记沈东平烈士的英名，他为中华民族留下的功绩永垂青史，百代流芳，激励着我们为实现中华崛起而努力奋斗。同时，日本帝国主义欠下的血债，中国人民也是永远不会忘记的。

（本文选自河南党史网）

巾帼英烈童宜仙

文／范先荣

童宜仙，1893年出生在合肥西乡的一户贫苦农民家庭。丈夫姓周，排行老三，人们都亲切地称呼她“周三姐”。她于1929年参加革命，1931年加入中国共产党，曾任合肥西乡联络员、党支部书记、临时区委委员、中共合肥中心县委执委、妇女部长、中心县委书记等职。1941年牺牲，时任合肥西乡妇抗会主任。

从贫困中接受真理

1913年春，童宜仙出嫁到周家，与穷苦出身的丈夫成年累月打短工、干杂活，忍饥受冻，置下了两斗田的旱地和两间草屋。公公过世后，丈夫因无钱安葬父亲，到地主家扛活，累出咯血病，于1928年春因无钱医治而病逝。

辛酸的生活经历，童宜仙养成了坚韧顽强的性格。丈夫一死，地方上的富户、地痞、恶棍纷纷起了坏心，有的在她的旱地上想点子，有的在她身上打主意。种种刁难、诬陷、中伤不断向她袭来。但坚强的童宜仙身正理真，她向乡亲们表示：“我人穷志不穷，谁要敢欺压我，我就到他家拼命！”

此时，正是大革命失败后的黑暗年头，转移到合肥西乡农村开展革命活动的共产党员，正在积极地发展地下党组织。在共产党员孙实同志的引导和帮助下，童宜仙终于明白了受苦受罪的根源，

毅然参加革命，成为合肥西乡的第一位女共产党员。

革命火种播遍“半边天”

童宜仙参加革命后，在党的领导下，不顾个人安危，走村串户，同穷苦农户结姐妹，让别人孩子认自己为干妈，利用这些身份，活动于合肥西乡一带。她每到一处，总是秘密地向妇女们传播革命道理，唱自编的《妇女歌》。歌中唱道：“叫声我姐妹，快快团结紧，推翻旧制度，铲除罪恶根，求得解放日，男女都平等。”《妇女歌》激发了妇女的斗争热情，促使合肥西乡广大妇女纷纷起来为争取自由解放而斗争。

在童宜仙的组织、领导下，雷麻、高刘、宋湾、彭圩、马郢、朱大郢、缺牙山等地“姐妹会”“妇女会”相继成立。广大妇女配合农会，扒了张老圩地主方老家粮仓稻子四五百石，全部分给农民。穷苦的农民热情讴歌：“共产党，真英明，领导我们把粮分。劳苦人们快起来，跟着共产党闹革命。”

革命星火呈燎原之势

1932年9月2日，共青团合肥中心县委宣传部部长张绪东被捕叛变，中共合肥中心县委机关遭到了严重破坏，县委书记程道福（即程明远）等二十三人先后被捕。当时，黑云压城，阴霾蔽天，白色恐怖笼罩着整个合肥地区。童宜仙不断勉励自己，坚定革命信念。她同凌生、陈良季、张祖阔等同志一起，根据党的指示，于当年10月，在合肥西乡成立大潜山党的工作委员会，负责恢复党组织的工作，继续带领广大党员和革命群众坚持地下斗争。童宜仙白天冒着风险，四处奔走联络；晚上深入村庄，召开党员会议，进行革命理想教育，有时甚至深夜还去找党员促膝谈心。

在童宜仙等同志的积极活动和组织下，不久，中共大潜山临时区委成立，她担任区委委员。接着，在大潜山麓的凤凰尾、缺牙山、大烟墩、叶氏夫人桥等地都相继成立了党支部。这时合肥地区的党员由原来的八十多名增加到二百多名，党的基层组织不断恢复和发展。

1933年1月，由中央巡视员刘敏同志主持，在合肥西乡缺牙山成立了中共合肥临时中心县委。1933年7月5日，在中心县委第二次会议上，童宜仙被选为执委、妇女部长。同年秋，合肥中心县委书记张士发调中央受训，童宜仙继任书记。面对国民党的白色恐怖，她坚定不移地带领广大党员和人民群众，高举革命旗帜，坚持地下斗争，使革命的星星之火燃遍了合肥西乡的广阔土地。

大义灭亲的壮举

童宜仙既善于宣传鼓动，又善于组织武装斗争。当时，国民党聚新街联保处自卫队队长夏维斌，无恶不作。1935年4月5日，童宜仙等人率领游击队，攻占聚新街，准备铲除这个地头蛇。但夏维斌东躲西藏，连睡觉也没个固定的地方。童宜仙几次行动都扑了空。一天清早，侦察员跑来报告，夏维斌正和一个人溜进聚新街茶馆喝茶。童宜仙立即命令一部分游击队员化装成农民上街接应，自己带领一部分游击队员迅速冲进茶馆，一举将夏维斌击毙。这次战斗，杀伤敌五名，缴获长短枪数支，子弹一百二十发，震慑了西乡的土豪劣绅，游击队声威大震。

合肥西乡一霸魏守殿上通官府，下压百姓。1935年6月中旬的一天，童宜仙带领地方游击队员，配合皖西北独立游击师，攻取西乡最顽固的敌据点魏西洼圩子，处决了大恶霸魏守殿。

童宜仙的丈夫有个堂弟，绰号“周老矮”，家住周新庄，是合肥西乡的豪绅，家藏许多枪支。为了打击地方反动势力，充实游击队装备，1935 年 7 月初的一天，童宜仙带领游击队秘密来到周新庄。当天中午，游击队埋伏在“周老矮”住的村庄外，童宜仙带领两个女同志以看望“周老矮”为名，进了周家大院，直奔“周老矮”卧室。“周老矮”看见三个人突然闯进来，神情紧张，忙问：“童宜仙，你想干什么？”童宜仙回答：“想和大兄弟讲讲家里的困难事，她俩是陪我来的。”“周老矮”心知不妙，便假装笑脸，借着给客人拿扇子，伸手向床头摸枪。说时迟，那时快，旁边的一位女同志一个箭步上前，一把夺过他的手枪，顺势递给童宜仙。另一位女同志猛扑过去，从背后抱住“周老矮”的腿，将他掀翻在地，童宜仙当场将他击毙。随即鸣枪为号，游击队员们听到信号，迅速冲进周家。周家豢养的几个地痞流氓，从午休的酣睡中惊醒，慌作一团，还没有弄明情况，就落入游击队手中。

满腔热情投入抗日洪流

1937 年 7 月 7 日卢沟桥事变后，童宜仙热烈响应中国共产党的号召，积极投入抗日救亡运动。1938 年 6 月，合肥县抗日民众动委会成立，童宜仙担任合肥西乡妇女抗敌会主任。她深入农村、街头，演抗日戏剧、教抗日歌曲、宣传抗日道理，唤起民众抗日救国的热情与意识。与此同时，她配合省动委会工作团到农村集镇筹集抗日经费，动员进步青年参军参战。

童宜仙不仅积极参加抗日救亡的宣传活动，还和其他同志一道组建抗日游击队，开展抗日斗争。1938 年 7 月的一天早晨，童宜仙率领一百多名游击队员到焦婆店，攻打破坏抗日、残杀游击队员的罪魁祸首——焦婆店联防处主任孙志谦。她一到焦婆店，得知孙志谦昨夜已回到老家枣树郢。于是，童宜仙立即和另一个女同志化装成裁缝，直奔孙的住处。刚到村头，恰巧发现孙志谦上厕所。童宜仙和另一个女同志紧步跟上，一枪击中孙志谦的腿。童宜仙把他拖到张祠堂湾处决，焦婆店人民无不拍手称快。

1938 年秋，童宜仙等组建的游击队，在桂俊亭、凌正明的率领下，一举

在抗日战争中参与支前运动的妇女

击垮驻桃溪镇的日军部队，炸毁敌汽油站和军用仓库，炸死日军二十多人，缴获大量军用物资。

在危难时刻挺身而出

童宜仙的名字传遍了合肥西乡，人民热爱，敌人害怕，于是，敌人千方百计地想谋害她。1941 年春，年近五十岁的童宜仙害了一场大病，党组织派人送她回家治疗养病。就在她病愈即将归队的时候，不幸的事发生了。农历三月十九的早晨，天刚亮，国民党合肥县党部行动队长周秉章带领几十名士兵，包围了村庄。乡亲们立即把童宜仙隐蔽起来。敌人四处搜查，未有结果。周秉章恼羞成怒，狂叫着要把村庄烧光。正在这危难时刻，突然听到："住手，你姑奶奶在这儿！"声如霹雳，吓得敌人目瞪口呆。乡亲们回头一看，童宜仙从容地站在敌人面前，厉声痛斥："姓周的，要绑要杀随你便，不准坑害老百姓。"周秉章露出狞笑，当天就将童宜仙带到焦婆店。

次日审讯，童宜仙昂首挺胸，怒目而视。敌人用酷刑逼供，要她供出地下党组织活动的情况，遭到她严词拒绝。敌人以枪毙威胁，童宜仙笑道："人活千年也是死，我为革命奔波十几年，对得起党，对得起人民，死又何妨！"敌人狼狈不堪，只好把她押送立煌县（今金寨县）国民党省党部处置。

童宜仙被押出焦婆店时，回头凝望她多年战斗过的土地，默默向乡亲们告别。当途经六安三十埠大桥时，童宜仙思忖此去难免一死，于是她假称剔脚刺，向人借来剪刀，割断了自己的咽喉，从容自戕。烈士的鲜血化为灿烂的光辉，映红了西乡的河山。

（本文由中共合肥市委党史研究室供稿）

幽谷中的石榴花——冯玲

口述／冯　云　整理／江志伟

1919 年 4 月 8 日，一个没有庆祝过的生日

我的家乡浙江省海盐县澉浦镇是个面向大海的小城镇。1919 年 4 月 8 日，当我的妹妹冯玲降生在这个海边小镇的时候，我刚刚四岁。爸爸沿着小镇上的男人们走惯了的生活之路走着，投亲靠友在上海一个洋布店里做做帮手。妈妈在家中抚育儿女，维持家庭。妹妹的名字大概是按当地习俗请来测字先生给取的，我叫冯云宝，她就叫冯玲宝。想不到这个随意取自他人的名字后来居然与她"玲珑活泼"的性格那么吻合。至于戏剧性地丢弃名字中的"宝"字，那是到了新四军之后的事。

1934 年，上海女青年夜校肇丰路分校

我们步入少女时代后，很荣幸地得到了顾静华、范志英这两位大姐的引导，她们介绍我们到上海女青年夜校肇丰路分校去学习、活动，介绍我们姐妹俩加入了青年团组织。从此，无论刮风下雨，每当夜幕降临的时候，我们都坚持沿着那排路灯走进夜校，走向一个完全崭新的世界。

当时，上海女青年会办的夜校共有四所，即沪东肇丰路夜校、浦东夜校、沪西夜校和杨树浦夜校，都由女青年会干事领导。这里的学员大都是来自各个工厂的女工姐妹，按原有文化程度分为初级班和高级班。这里的老师大部分都是进步人士和地下党员，顾静华大姐原来就是这里的老师。每晚 7 时至 9 时上两个小时的课，除了语文、数学课有课本外，时事课就是由老师根据自编的教材给我们讲课。这样的讲课方式很吸引人，就像姐妹之间的谈心，讲的都是我

女青年会杨树浦女工夜校旧址

们身边的事情或者是我们百思不解的问题，因此我们都喜欢时事课。

夜校的歌咏活动非常热闹，女孩子们哪个不喜欢唱歌呢？冯玲长得小巧，一股机灵劲，似乎更有这方面的天赋。当音乐家吕骥同志来教我们唱《义勇军进行曲》《开路先锋》《新女性》等歌曲时，别人还没背熟歌词，她却已经能有韵味地单独高唱了。大家都羡慕她，夸赞她，许多人都愿意与她交朋友。这就使得她后来在接受陈菲玲交托的发展青年团的任务时，能够毫不费力就发展了蔡月娥、蔡月梅、高秀英、王阿觉等好几名女工入团。

夜校的课余生活也很丰富多彩，大家充分利用有限的活动场地开展各种有益的文体活动，其中跳绳和摄影是冯玲最喜欢的。夜校里大家都喜欢穿长旗袍、剪短头发，因此跳起绳来总不太方便。她却喜欢穿短衫、着短裙，加之身材小巧，跳起绳来的优美风姿总会招致许多姐妹前来观看。往往这种时候，她便会恳求其他学员给她拍下照片，以便和其他照片（比如穿圆领衫的、穿旗袍的、手拿鲜花的，或者手插腰部的，和其他老师、姐妹赠送给她的照片等）一块精心夹进那本旧笔记本中，不时取出来翻翻、忆忆、笑笑。她太爱生活了，她太珍惜这段人生了，她像珍惜鲜花那样珍惜这段人生。在她送给邵力君的一张照片上，她微笑着把那束鲜花紧紧贴近脸蛋。那大概也是一束含苞的石榴花，因为后来她牺牲的时候，人们从一堆瓦砾中找到她的遗体时，看到她的小拳头里捏着的竟也是一枝火红火红的石榴花。

1937 年，上海国际难民收容所

1937 年，我由女青年会总干事钟绍

琴介绍到沪西夜校曹家渡分校担任初级班的教师。由于离家较远，我只能每个礼拜回家一次，冯玲则仍然在肇丰路夜校活动，有时也到我这儿住上一夜。有一次我见她唱着一支新歌跨进我的房门，便问她碰到了什么喜事，她却不回答我，一直扬扬自得地把那支歌哼完之后才告诉我一个惊人的喜讯：她已经学会战时急救本领了！原来她们肇丰路夜校先走了一步，为了适应抗日战争的需要，专门请了医务人员到夜校教大家一些常用的战场抢救伤员的急救方法。“这样到时候我们就不再是空口宣传抗日了，还能用自己的技术、本领去服务呢！”冯玲说着，显得很有信心。

八一三事变爆发，日本侵略者大批进驻虹口区，外白渡桥被封锁了。冯玲随着父母和弟弟一块离家逃难，在大世界附近的一家旅馆住下后，才赶紧跑到沪西来告诉我这个消息。因时间已晚，便在我那里住一夜，谈了些仓促逃难时的情况。第二天一早，待我俩急匆匆赶到旅店时，父母和弟弟都不在了。询问旅店工友才知道，他们已随着逃难队伍往南方迁移了。我们姐妹俩急得不行，父母兄弟生死未卜，只有我们姐妹两人留在上海了，我们只得回到沪西夜校住下。没几天，女青年会就把冯玲介绍到法租界的国际难民收容所工作了。

这里的工作与工厂里的工作大不一样，因为面对的工作对象都是一些饱受战争灾害而情绪反常甚至绝望厌生的难民。他们的生活需要你去仔细料理，他们的情绪需要你去设法安定，甚至他们的子女还得你去教他们识字、念书和唱歌。冯玲天天望着这些苦难的同胞，心里却想起不知去向的父母和弟弟，她有些后悔当初没能把他们一块带到沪西去。有时她也略寄一线希望，但愿父母、弟弟平安回老家去了，便想回海盐看个究竟。然而看到那么多无家可归需要自己去照料、开导的难胞和父老兄妹，便很快打消了这个念头，又积极投身到繁重艰苦的工作中去了。由于生活艰苦劳累，冯玲终于病倒了，在缺药少医的情况下又转为伤寒病，只得由收容所送往慈善医院住院治疗。病情稍好，她才不得不听从大夫的意见，回老家去养病和探寻父母、弟弟的下落。

1938 年，上海煤业救护队西行

1938 年，我收到了冯玲从海盐寄来的信，说父母和弟弟都已经回到老家去了，海盐也已经沦陷。日军时常骚扰，父亲在饱受惊吓和生活重负下遽然病逝。她再也忍不下这国难家仇的悲愤，说待病好后她还要回上海来，继续从事抗敌救亡工作。

还没等到我发出给她的回信，又接到她寄自上海煤业救护队的告别信，说时间太紧，来不及到沪西跟我告别了，她不但已经来上海归队而且已随上海煤业救护队一块西行，遣送难民到皖南内地开荒种地，叫我别惦念她，到皖南后就给我来信。

不久，我就收到冯玲来自皖南泾县的来信和一张四寸的全身照片，照片上的她一身戎装正冲着我笑呢。原来她是去皖南参加新四军了，在新四军的卫生训练班学习结束之后被分配在军部教导队中村医务所工作。冯玲信中说：“阿姐，跟上海比起来，这里又是一个世界啊。不分首长和战士，大家都互相尊重。在这个大家庭里很开心呢！虽然每个月只有三元钱的津贴，上夜班也确实有点艰苦，但是看到那些可爱的伤病员又能康复上前线了，这就让人快乐……”

读着冯玲的信，看着她的戎装照片，我好像比她还要快活。沿着那排路灯我们姐妹俩艰难地走到今天，都显得更加成熟了。自沪西夜校因战争骤起而停课后，我就到福新烟厂去做工了。就在不久前的福新烟厂工人大罢工斗争中，我已经光荣地作为工人代表去与老板谈判并取得了胜利。我真想立即给妹妹写封信，让她也为姐姐高兴一下，信尾我想这样说：“玲妹，让我们都做一根灯杆吧，不管刮风下雨，我们都依然挺立在路旁，高举着闪亮的路灯……”

1939 年 9 月，沿着冯玲的足迹

1939 年 8 月，我突然收到原上海福新烟厂工友朱潮发自皖南的来信，一个噩耗重重地砸在我的头顶。“你的好妹妹冯玲已于今年 7 月 1 日光荣牺牲，她是在日军飞机轰炸我医务所时奋力抢救伤员而被炸死的，刚刚开了追悼会，军部号召大家都要向她这位英雄学习……”

沉痛片刻，我忽然觉得自己怎么也不能接受这样残酷的事实，妹妹素来小巧玲珑，她怎么会躲不过飞机呢？猛地想起跟她一块去的还有一位叫吴凤玲的女工，是不是人家把“凤玲”读成了“冯玲”？妹妹不是叫“冯玲宝”吗？我决计去皖南看看。征得李淑英同志的同意之后，我便与丁志辉、顾莲英、孙从耳等几人一块从上海外滩登上轮船出发，水陆跋涉，走了两个月，才到了皖南泾县云岭新四军军部招待所。当人们知道我就是冯玲的姐姐时，那位严肃得怕人的组织部部长李子芳就找我谈话。一开始就证实了噩耗的真实无疑，然后非常沉痛地安慰我，最后他又十分果断地安排我住下来好好休息一下，说明天派人带我去中村医务所。

1939 年 7 月 1 日，红红的石榴花

第二天我们就来到中村医务所，这可是冯玲在给我的信中提到的大家庭啊。听说冯玲的姐姐来了，大家都围了上来，说着许多安慰我的话。猛地传来一声号啕大哭，我抬眼望去，是屋角那张病床上的女战士在哭。我快步走过去，紧紧拉住她的手，才发现她的一条腿已经失去了，她只是一个劲地拉着我不住地呼喊：“好姐姐，好姐姐……”然而话未说完便泣不成声了。人们告诉我，她叫许××，是当时跟冯玲一块抢救伤员的。我心头一震，哽咽着安慰起她来：“许同志，我这次从上海赶来没有能看见我的妹妹，当然很悲痛。你是冯玲的战友，也跟她一样勇敢，看到你我也就看到自己的妹妹了……你还好，虽然残疾了，养好伤还能为党工作……”小许姑娘抱紧我，哭得更加厉害了。

冯玲妹妹牺牲的情况，是泾县作家邵凯生同志整理后给我寄来的。那一天，天刚亮，医务所前的梧桐树上，山雀子叽叽喳喳叫个不停，山间村落上升起淡淡的炊烟。冯玲起床后，上楼到病房给田妮打了针服了药，又想起祝老爹的腿不知怎么样了，想去看看。可是才迈几步，就感到四肢酸软，只好托另外一位同志带药去，自己把内务整理好，便坐在河边抽空做着棉球。这几天她被首长命令在家休息，因为不久前为抢救教导队女生八队战士田妮，她忙了两天两夜没合眼，又献了一百毫升的血，终于连自己也累病倒了。

一群小伢子跑来，老远就喊：“冯阿姨！”小三手里还捧着一枝刚刚掐来的

石榴花："你病了，送给你，好看吗？"说着，兴致勃勃地把花往冯玲手里塞。冯玲接过来一看，火红火红的花瓣上滚动着露珠，淡黄的花蕊里散发出阵阵清香，她高兴地说："好看，小三，把它送给田妮阿姨去，她病了，不能走路。"孩子们欢快地答应着，"咚咚咚"跑到楼上去了。

一会儿，孩子们回来了，又围在冯玲身旁："冯阿姨，教我们唱支歌吧！""阿姨唱，阿姨唱！"小伢子一起嚷开了。他们知道，冯阿姨又会唱歌又会演戏，春节的军民联欢会上，她还演过不少角色呢。

冯玲环顾四周，阳光明媚，莺啭蝉鸣：村前，碧清的河水静静地流着；狮子桥下，一群洗衣的妇女在高声说笑；身旁，是一张张纯朴天真的小脸，那一双双乌溜溜的眼睛里，放射出热切的光彩。好一片优美、宁静的景象啊！如果没有日本强盗的蹂躏和地主豪绅的压迫，该有多好啊！她不觉心头一热："好，给你们唱一个。"她慢慢抬起眼睛，习惯性地捋捋齐肩的短发，轻轻唱了起来："高高的云岭，屹立在皖南；铁的新四军，英名鲜血染；保卫我民族，收拾好河山；不怕千般苦，团结起抗战！……"孩子们正入神地听着，忽然，天边隐约传来一阵"嗡嗡"声，打断了这支优美的歌。"看，好大的老鹰！"一个孩子惊叫起来，冯玲警觉地仰面观察，不好！一、二、三，三架敌机！

轰鸣声越来越大，飞机径直向村里扑来。"敌机！"冯玲向河边洗衣服的妇女们高叫，"乡亲们，快隐蔽！"随即抱起两个小孩，跳进路边的旱沟里，又抱过一捆柴草，把他们掩盖起来。河边的妇女们不知怎么办才好，慌忙向冯玲跑来，冯玲急促地叫喊："散开，卧倒！"边喊边抱起两个小孩，送进掩体。春娣和别的妇女也赶紧跑来，帮着把小孩一个个藏好。

疯狂的敌机已经冲到头顶，连机身上血腥的"膏药"图案都看得见了。"冯玲，你也快隐蔽吧！"春娣她们在呼喊。

冯玲来不及回答，咬紧牙关，把最后一个孩子藏进干涸的水沟。突然，呜的一声，一架敌机俯冲下来，"轰轰"，前面的房子倒塌了，浓烟滚滚，火焰翻腾，冯玲一个踉跄，靠在了梧桐树上。

"呜——"又是一阵狼嚎般的飞机声。春娣跳起来，一把抓住冯玲："你快躲！"此时此刻，这个刚从病床上起来的冯玲，不知哪里来的力气，一下把春娣按倒在地，说了声"田妮还在楼上……"，就像一支离弦的箭，冲向病房，踩着断木残砖，扑进烟火之中。

万恶的敌机直向医务所、向我们的冯玲俯冲下来，甩下罪恶的炸弹，霎时，几股黑烟腾起，高高的风火墙摇晃了几下，倒塌下来。卧在村口的春娣和妇女们，隐蔽在掩体和旱沟里的孩子们，失声大叫："冯玲！""冯阿姨！"……

拨开血染的砖块、烧焦的木头，同志们在一片瓦砾中，找到烈士的遗体。我们的冯玲同志，左手伸向前方，右手护着田妮，眉峰愤怒地拧着，牙齿紧紧咬着自己一绺带血的头发，拳头里还捏着那枝火红火红的石榴花……

"冯玲！冯玲……"战友们呼唤着烈士的名字，妇女和孩子们扑到冯玲身旁痛哭。白发苍苍的祝老爹，这天早上收到冯玲捎去的药，听说冯玲病了，特意熬了一罐鸡汤，走了五里多的路，端到医务所来。现在他望着冯玲的遗体，双手颤抖，罐子掉在地上，泣不成声地说：“你把我的腿治好了，可你却没看到。好姑娘，我们想你啊……”

教导队一位首长拾起冯玲手中的石榴花，深情地说：“冯玲，你那么热爱生活。可是，你的牺牲，又是多么有价值啊！”

战士们唱起悲壮的《国际歌》，周围几个村子里的人，从白发苍苍的老人到刚刚懂事的娃娃，都怀着对冯玲的无限哀思、对日军的无比仇恨，来为烈士送葬，七十多岁的董老奶奶趴在冯玲的墓前不肯离开，小伢子们含着眼泪，在墓旁栽下一排排松柏，还特意移来两棵石榴花……

（本文选自云岭·新四军军部旧址纪念馆《幽谷中的百合——冯玲》）

海南岛上绽放的木棉花：红色娘子军传奇

文/赵 优 王 仪

革命土地孕育传奇

1919 年五四爱国运动后，在马克思主义传播和新文化运动热潮中，乐会、琼东广大妇女迅速觉醒，揭开了妇女运动的序幕。她们剪掉长发辫，扔掉裹脚布，走进学校和识字班，学习新文化和新思想。

1927 年，国民党发动“四二二”政变，屠杀共产党人。烈士的鲜血唤醒了中国共产党人和劳苦大众。在血雨腥风之中，中共琼崖地委书记王文明带领地委机关撤到乐会县第四区（今阳江镇），开展武装斗争，反击白色恐怖，建立红色政权。乐会四区成为琼崖革命武装斗争的策源地：点燃琼崖武装斗争之火的宝墩会议在这里召开；琼崖革命武装——讨逆革命军、工农革命军、工农红军在这里创建；琼崖第一块革命根据地在这里形成。这在广大妇女中产生了深刻影响，在她们心中撒下了革命武装斗争的种子。在打响琼崖武装反抗国民党第一枪的椰子寨战斗中，乐会县妇女解放协会组织三百多名女青年跟随讨逆革命军开赴前线，参加支前和救护工作。

1930 年 4 月，中共琼崖第四次代表大会召开，掀起了第二次土地革命高潮，琼东苏区开始变成充满生气的革命根据地。峥嵘岁月里，土地革命、武装斗争和妇女解放运动紧密结合在一起。

琼崖革命史上的传奇之师，正是在汹涌澎湃的革命大潮中诞生。

巾帼尖兵初露峥嵘

阳江镇上，一座由三名红色娘子军组成的群体雕像映入眼帘，她们头戴红五星八角帽，肩挎长枪和子弹带，身背斗笠，面容坚毅，昂首挺胸注视前方。走进椰林和芭蕉掩映的内园村，绿草萋萋的偌大操练场安静寂寥。这片红色娘子军诞生地又把我们带回那段烽火岁月。

1930 年 8 月，琼崖工农红军独立师成立，随着革命的深入，乐会县广大妇女的革命积极性空前高涨，纷纷向苏维埃政府申请参加红军。第二年 3 月 26 日，乐会县赤色女子军连宣告成立。仅有一排人数的女子军连配合红三团打了几场胜仗，军威大振，要求参军的女青年越来越多。为了进一步发挥琼崖妇女在革命斗争中的积极作用，琼崖特委决定成立女子军特务连，并正式划归琼崖工农红军独立师红三团建制。“英雄的、经过考验的乐会县的妇女们，拿起枪来，当红军去，和男子并肩作战！”县苏维埃政府布告上的这句号召激起了广大妇女心中的波澜，得到热烈响应。乐会县报名参加红军的女青年达七百多人。

1931 年 5 月 1 日上午，红三团和乐会县苏维埃政府联合在乐会四区赤赤乡内园村的操练场召开群众大会，庆祝琼崖工农红军独立师第三团女子军特务连成立。“一万多群众赶来参加大会，争相目睹女子军的风采。”阳江镇文化站原站长庞启江说。

此时正是凤凰花开的时节，枝头热烈盛开的花朵，染红了人们的脸庞。从六七百人中脱颖而出的一百名走出闺房、冲破封建束缚的青年女子，勇敢地摘下耳环，剪短头发，穿上没有性别特征的蓝布军装，佩戴“女子军”红袖章，背着“女子军”斗笠，手持长枪，排着整齐的队伍。在雷鸣般的掌声中，连长庞琼花登上司令台，郑重地接过师长王文宇授予的“中国工农红军第二独立师第三团女子军特务连”连旗，全连战士庄严宣誓：坚决服从命令，遵守纪律，为党的事业奋斗到底！在雄壮嘹亮的军号声中，女战士们迈着矫健的步伐，接受首长和人民的检阅。从此，女子军特务连的战旗，高高地飘扬在中国工农红军第二独立师的行列中。

这就是后来闻名世界的“红色娘子军”。

一个多月后，女子军在沙帽岭配合红三团一营诱敌深入，经过一个多钟头的战斗，一举击毙击伤敌军一百余人，

女子军特务连成立大会遗址——乐会县第四区赤赤乡内园村

俘敌七十余人，缴获枪支一百四十六支，子弹一千余发。活捉国民党乐会县“剿共总指挥”陈贵苑，而女子军无一伤亡。首战告捷，从此，女子军英名威震琼岛。

战斗的实践很快证明：这支女子军不仅敢打，而且真能打！

随后，这支女子部队又胜利完成了攻打文市炮楼、文魁岭保卫战等战斗，配合红军主力先后拔除了乐会、琼东、万宁、定安、文昌五县的多个敌据点，显示了女子军特务连已具备独当一面的作战能力。琼崖革命领导人冯白驹 1968 年曾回忆说：“有一次娘子军参加主力作战，打败敌军后，以连为单位计算缴获，娘子军还占第一位。”

冯增敏

沙场喋血壮志无违

为扑灭琼崖的革命烈火，1932 年 7 月，国民党旅长陈汉光，在盘踞广州的国民党赣粤闽湘边区“剿匪”总司令陈济棠的支持下，以三千兵力重兵“围剿”中共琼崖特委、红军师部和琼崖苏维埃政府驻地琼东县第四区，大批苏区战士殉难。8 月，为了掩护领导机关和主力部队安全撤退，女子军殿后打阻击。当队伍撤退到马鞍岭时，敌军尾随而至，师部决定留下红军一营和女子军一连阻击敌军，掩护领导机关和红军主力向母瑞山撤退。红一营和女子军一连接受任务后，占据马鞍岭有利地形，一次又一次地打退敌军的进攻。战斗坚持了三个昼夜，进行了她们最为惨烈的最后一战。

子弹打光了，战士们就用石头、木棍当武器和敌人拼，直到第四天，撤退队伍已到达目的地，师部命令阻击部队撤出阵地向母瑞山转移。为了转移敌军的追击目标，掩护部队撤出阵地，营部决定女子军第二班留守阵地牵制敌军。但毕竟敌我力量悬殊，在弹药断绝的紧急情况下，班长梁居梅高喊着：“姐妹们向我靠拢！人在阵地在！拿枪杆和敌人搏斗！”就这样，十位战士与敌军进行了一场殊死的肉搏战而壮烈牺牲在阵地上。

当晚，连长冯增敏带领一个班返回马鞍岭接应二班。夜色沉重，岭上静悄悄的，借着朦胧的月光，冯增敏看见十位女战士躺在被反复炮击过的土地上，她们周围都是被砸碎的枪杆，身上沾满鲜血，衣服被撕稀烂，身体依然保持着与敌人搏斗的姿势。皎洁的月光照耀着她们，好像铺上了一层洁白的轻纱。回想着战友生前的点点滴滴，在战场上英勇杀敌的女战士们，再也抑制不住心里的悲伤，任凭滚烫的泪水在脸上肆意流淌，滴落在鲜血染红的土地上……

女子军战士使用过的斗笠和军帽

被囚禁在“广州国民特别感化院”（国民党监狱）的女子军特务连领导和琼崖妇女干部，右起：庞琼花、蒙汉强、黄墩英、王时香、冯增敏、庞学莲、王学葵、林尤新

庞琼花

“马鞍岭阻击战是红色娘子军最惨烈的一次战斗，胜利完成了掩护琼崖特委和琼崖苏维埃政府机关向母瑞山撤退的任务。”陈锦爱说，娘子军一连二班十位战士在弹尽粮绝的情况下，同敌人展开了殊死搏斗，全部壮烈牺牲在阵地上，充分体现了女子军英勇顽强、宁死不屈的大无畏革命精神。

战斗的第二天，红一营和女子军第一连正在牛庵岭的密林中休整，忽然，狡猾的敌人化装成红军爬了上来。红军边开枪还击，边向密林深处撤退。连跑了三个山头，才摆脱敌人，但女子军在转移中走散了，与大部队失去了联系。冯增敏身边只剩下传令兵卢业兰、战士冯锦英等九人。大家商定：上母瑞山，找党，找部队去！

只知道母瑞山在西边，战士们就一直往西走，森林像大海一样望不到尽头。肚子饿了，就采些山竹子、鸡兰心、白榄等又酸又涩的野果、野菜充饥；口渴了，就喝山涧的溪水；鞋子破了，就光着脚丫走，常被荆棘刺伤脚板，划破小腿；夜里冷了，大家便围拢在一起轻轻哼山歌、讲故事……山蚂蟥、蛇蝎、蚊虫，还有弥漫在山林中的瘴气，磨炼出了女子军们坚强的意志，经过七个日夜的森林长征，九名女战士终于回到了党的怀抱。

困厄之中我自岿然

当国民党得知琼崖特委、琼崖苏维埃政府和红军主力退上母瑞山后，便向母瑞山麇集而来。经过两个月的游击战，元气大伤的红军突破敌人严密封锁，从母瑞山突围出来，顺利到达乐会四区草丰林茂的文魁岭。气急败坏的陈汉光调集部队再次“围剿”乐会四区，组成五六层包围圈，发动轮番进攻，在每一片山林里辟出两丈宽的山道，放火烧山以肃清红军。面对生死存亡的抉择，11 月初，王文宇与中共乐会县委书记冯甲、县苏维埃政府主席庞世泽讨论决定，女子军特务连一连、二连化整为零，疏散隐蔽，待时再起。至此，女子军特务连解体。

“短短一年多，红色娘子军的战斗足迹遍布琼崖五个市县，参加大大小小五十多场战斗。为琼崖革命斗争史画下了浓墨重彩的一笔。”陈锦爱说。

1932 年深秋，二十几名女红军在强敌、疾病、饥饿的严重威胁下顽强地坚持着，她们给自己定下四大任务：找药材、找粮食、打听师长的消息、了解敌人的情况。藏身在山上的女子军们忍受着伤病、饥饿和恶劣的环境，衣服破了，用细藤连起来，没有粮食，吃“革命

位于琼海市阳江镇中心的红色娘子军塑像

菜”“革命果”。下过雨后，山上的蚂蟥多得就像蚂蚁一样，遍地都是。不仅咬脚、腿，甚至连眼睛、嘴都咬。一天早晨，冯增敏醒来，发现腮肿起来了，一伸手竟从嘴里拿出一条蚂蟥。

当时，陈汉光警卫旅的旅部在乐会四区全境戒备森严，群众被管制得寸步难行。失去接济的女子军战士们不得不分手各寻生路。“为抓到女子军，敌人甚至放狗搜山，漫山遍野都是敌军的吆喝声和狗吠声。在国民党的严密搜索下，庞琼花、王时香、冯增敏、黄墩英、庞学莲、王振梅等女子军干部和战士不幸被敌人逮捕。”庞启江唏嘘不已。

在阳江警察所的监牢里，女子军们对红军的秘密守口如瓶。任凭国民党用绳子吊、皮鞭抽、枪托打……各种严刑逼供，战士们谁都没有出卖同志。重刑逼供一无所获，陈汉光就将她们押到阳江、中原、屯昌、定安等地示众，作为炫耀“剿共战功”的活道具。面对敌人没完没了的折磨和迫害，她们甚至两次试图集体自杀，以对抗敌人的残酷虐待。庞启江还透露了这样一个细节：有一次，冯增敏患了疟疾，与以前战斗时落下的残疾同时发作，咯血、呕吐、抽筋，她横下心了此残生，死活不让狱医治疗，但仍被强行注射药水。“她们宁愿死，也不愿意变节，但是活着艰难，死也不易。”女子军坚定的信仰，让庞启江深深敬佩。

1934 年，冯增敏等八人又被押解到“广州国民感化院”。在“攻心为上”的感化院里，她们下地种菜，上厂做工，始终坚持自己的政治信念，没有一个人被“感化”而动摇变节。

1937 年抗日战争全面爆发后，国共合作抗日，被关在广州感化院达三年之久的八名女子军获释回到海南。这群海南的铁娘子，以不同的方式，继续着红色娘子军精神……

（本文选自《海南日报》，有删节）

黑夜里的“星火”

文／赵乃林

二十世纪三四十年代，一个名为“星火”的青少年文学社团和读书会组织，活跃在辽宁的盖州、营口、沈阳一带，其成员大多是十四五岁的中学生和二十岁左右的文学青年。日本投降前夕，这一组织因爱国活动而遭到残酷镇压，成为日本侵略者在东北制造的最后一个大惨案。

黑暗中，文学青年们点燃“星火”

1934年，二十二岁的满族青年花喜露从奉天省立第三师范学校毕业回到盖平县归州村两级小学校任教师。当时，日本殖民统治者大肆宣扬所谓“日满亲善”，千方百计抹杀中国人的民族意识、国家观念，查禁、烧毁爱国书刊，不许出现“中国”“中华”等字样，企图彻底铲除中华文化对中国人民的影响，以把日本文化移植到东北。

风华正茂的花喜露关心学生、教学认真，经常给家庭贫困的学生买书买本。他讲的课生动活泼、深入浅出，总是旁敲侧击地向学生们渗透日本殖民侵略的真相。他不仅教学生唱爱国歌曲，还把从奉天（今沈阳）带来的“五四”新文学等进步书籍借给学生们阅读，辅导学生自办壁报和手抄小报。他经常给学生讲述民族英雄岳飞的故事，抨击帝国主义列强瓜分中国，痛批“二十一条”卖国条约。他形象地把租借给日本的辽东半岛比作母亲的乳头：“母亲的乳头被割掉了，她该多痛啊！”

花喜露爱好写作，经常在报刊上发表作品。他以文会友，和社会上的一些文学青年交上了朋友。大家经常互相传阅书籍，交流读书心得、写作经验。

在花喜露结识的朋友中，有个叫于家麟的残疾青年。他比花喜露小一岁，父亲生前是东北军的旅长。九一八事变后，于家麟因不愿接受奴化教育而从盖平县中学退学，专门在家从事写作。时人称花喜露、于家麟为“盖平文坛双星”。

当时，日本侵略者用刺刀胁迫“笔杆”，强令以“日本艺文为经，原住民族固有之艺文为纬”，发展“康德文学”“国策文学”。文艺团体、文艺创作活动一律由日本占领者及汉奸政权“直接指导”。一时间，“汉奸文学”和消遣性的闲情文学弥漫关东文坛。而进步文学、抗战文学遭受残酷镇压。一些传承“五四”新文学和中华文化命脉的作品不得不以顺应殖民统治的形式寻找生存的空间。

当时，文学青年们普遍感到，在日本的高压文化政策下，公开发表作品的不自由。于是，他们于1936年相互联络当地一些爱好文学的青年、学生，成立了名为“星火”的青少年文学社团和读书会组织，自编、油印秘密刊物《星火》，分发传阅。

进步书刊成为青少年的人生向导

“星火”文学团体的大多数成员是盖平县一高、二高和女子国高的学生，平均十四五岁。“五四”新文学给了他们丰富的营养。当时进步书籍很难弄到，他们就动手抄。其间，他们还大量阅读外国进步书籍，读马克思主义著作，还有人读过毛泽东的《论持久战》。通过读书，青少年们受到了爱国主义教育，促进了民族意识的觉醒，并从中懂得了许多革命道理。

花喜露

1939年，在《营口新报》文艺副刊编辑王觉的帮助下，他们自编自印的《星火》小报得以作为《营口新报》的副刊公开出版，“星火”文学社团的活动至此达到高峰。王觉与花喜露同岁，他的真实身份是营口地区国民党地下党部书记长。

到了1940年末，日伪特务开始秘密追查《星火》撰稿人的真实姓名和地址。于是，花喜露、王觉、于家麟等人利用寒假组织了一次集会，讨论对策。在这次集会上，花喜露与王觉在文学主张上产生了一些分歧，王觉争取“星火”同人参加他领导的国民党地下组织“青年自觉社”的活动，受到花喜露的反对，《星火》被迫停刊。

1941年，花喜露在留日青年学生救国会成员田琛的影响下，参加了抗日救国会。田琛后来的身份是伪满国务院官需局属官，实为中共地下组织长春地区负责人。花喜露在秘密加入中国共产党后，到沈阳大东区以街道公职人员的身份为掩护，搜集军工厂情报。为了掩护花喜露从事地下工作，仰慕他的女学生王丹群自愿离开优越的家庭，与他扮作贫困夫妻。

花喜露在从事党的地下工作的同时，仍继续关注伪满文坛的动向。他通过学生的关系，指导盖平县和沈阳、本溪等中小学生的读书活动。仅本溪国高，读书会的成员就有好几十位。许多青年在他的影响下偷偷入关奔赴抗战前线。就连没有参加读书会的学生，也受到浓厚读书氛围的影响，增强了爱国意识。

监狱中，“星火”同人坚贞不屈

花喜露走后，于家麟经王觉、李光海介绍，秘密加入了国民党。1941 年，王觉在长春被日伪特务逮捕，惨遭杀害。于家麟、李光海不久与门文东、王锡成、张克恩等人创办了“秋灯书店”，引导中学生开展读书会活动。中学生们又创办了《大地》《辰星》等油印刊物。通过阅读进步书刊，进步学生从思想上组织起来，形成了一支反帝反封建的革命力量，有的还初步接受了马克思主义的启蒙教育和影响，点燃了革命热情。

1944 年，日本侵略者以“通过读书研究文艺，发表作品，巧妙地向一般知识青年宣传抗日思想”为罪名，将“星火”文学社团残酷镇压。日本特务机关把这次镇压活动称作“桃园工作”，共逮捕花喜露、于家麟等一百多人。

在敌人的监狱里，被捕者无不受到严刑拷打，有的甚至受刑致残，但没有一个人屈服。花喜露在狱中创作的《暗室》，道出了一个革命者战胜艰难困苦的万丈豪情：“暗室虽没有日光，我胸怀十万个太阳。”

花喜露的另一首狱中诗《我是王》，成为我国东北抗战文学的代表作：

我是王
端坐在恶魔的牢房
饥寒毒打全都不关我痛痒
你们卑鄙狠毒
不用趾高气扬
我知道
这里就是我战斗的地方
我是王
把生命发出万道光
毁掉这恶牢的万道墙
跳到大路的当央
要活，就要有主张
死也死在主张上……

在狱卒的帮助下，花喜露、于家麟等人的狱中作品流传出来，更加鼓舞了广大青年学生的爱国读书热情。

镇压“星火”文学团体是日本侵略者在东北制造的最后一起大惨案。花喜露等八名被捕者在狱中或出狱不久重伤致死，二人在逃难途中或在狱中因受重刑致死。1945 年 5 月 4 日，伪奉天省高等法院以“治安法违反”罪，对盖平女高的姜静芳等二十五人判处三年“犹豫执行”，释放回家由当地警方监视居住。之后，以“治安法违反”罪判决于家麟死刑，门文东无期徒刑，张继宽二十年有期徒刑，王锡成等三人十五年有期徒刑，喻庆龄等五人五年有期徒刑。8 月 15 日上午，于家麟、门文东等人被押到伪奉天省高等法院，未及宣判，日本宣布“终战诏书”。四天后，被判刑者均获释出狱。

“星火”同人的反伪抗日斗争，为日本帝国主义在东北的殖民统治敲响了丧钟，这对东北各界特别是教育界、文学界产生了深刻的影响，提高了东北沦陷区青年一代不甘做亡国奴的民族觉悟，培养了青年学生的爱国革命力量。参加活动的青年学生、爱国人士，有的在光复前就投奔了中国共产党领导的抗日根据地，大部分也在东北光复后很快加入了革命队伍。

（本文选自《党史纵横》，有删节）

战斗在地下交通线上

文／苏培生

我是山东济阳人。抗日战争时期，我家曾被称为“地下交通”之家。我母亲（韩富玉，已病故）、我和妻子（李恩云）都是党的地下交通员。

1940年，因生活所迫，我离别家乡来到济南经四路纬一路晋义公制镜厂当学徒工。在当学徒期间，我受尽了剥削、压榨，饱尝了人间的辛酸。1943年6月的一天，母亲把我带到了冀鲁边区党委二地委机关所在地（后为渤海区二地委）孙耿北边的张家庄，找到了组织科长曹明惠同志。曹明惠是个大个子，待人诚恳、热情，因为我母亲早是地下交通员，经常与他联系，所以他对我也格外亲切。询问我在济南的工作、生活等情况，然后对我说：“你在济南学徒三年，对济南的情况比较熟悉，组织研究决定让你担任地下交通员，再回济南，以制作镜子为掩护，开展地下工作。”

党把这么光荣而艰巨的任务交给我，我非常高兴，同时，又有点畏难。曹明惠看透了我的心思，对我说：“组织上相信你能够挑起这副担子。你母亲是老交通员了，有经验，随时指导帮助你。你在济南社会关系多，情况比较熟，你对象全力以赴地支持你。所有这些，都是你完成任务的有利条件。”

领导的鼓励和组织的信任，增强了我战胜困难的勇气。我决心挑起这副担子。曹明惠交代了具体工作任务后，我便返回了济南。

当时，济南是日伪在华北重点控制和重兵驻守的城市。市内军政警宪机关星罗棋布。不仅有日军的大半个师团和宪兵队，而且伪华北治安军第一、三、四集团军司令部所属八九个团、伪保安军四个团以及警察大队、皇协军等也麇集在这里。显然，在这里开展党的地下工作十分重要，当然也会有许多困难和危险。

开展地下工作，必须依靠人民群众。我回到济南之后，首先注意团结教育群众，处处依靠群众，为开展地下工作打下坚实的群众基础。我经常和一些贫苦青年来往，相互谈心，交流思想，结为朋友。在鞭指巷北头糊纸盒的冯克勉和他的叔叔冯德智，都是二十多岁的青年，又是我的老乡。我经常与他们来往，给他们讲革命道理、美好前景，启发了他们的阶级觉悟。他们积极地支持我们的工作。经过一段时间的实际锻炼和考验，他们具备了入党条件。于是，在1944年12月，我们发展冯克勉、彭玉贵为正式党员。冯德智也成为我们党组织信得过的可靠群众，为我们地下党组织做了不少工作。

日军投降前夕，根据工作需要，我由青云里搬到精忠街住。1945年9月，遵照工委指示，我在精忠街单独开办明鑫制镜厂作为开展地下工作的基地。我当上了明鑫制镜厂的老板，组织上给予经济援助，使我成为精忠街附近的阔人，大大方便了我的工作。这时，我的交往范围广了，朋友也多了。明着交一些有钱有势的朋友，作为掩护和借用力量；暗地里交一些穷朋友，作为依靠力量壮大组织。以拉洋车谋生的青年贾文先和以卖菜为生的朱洪来、孙庆芳等为党做了大量工作，组织上发展他们为正式党员。在此基础上，我们建立了支部，我任支部书记。

为更加广泛地团结教育群众，开展地下斗争，我们又分别在三和街、北坦、南关玻璃镜厂、南营、精忠街、青云里等地建立了地下小组联络站，每个小组都指定专人负责，成员四至五人。这样，发展赤色群众二十余人，团结的群众五十多人。

1944年，我的家属李恩云打入济南担任了地下交通员。她的主要任务是及时地传送情报。当时，敌人在城内控制很严，来往行人稍有可疑就有被抓走的危险。市内主要街口都设有双哨卡，街上还设有流动哨，戒备森严，要把情报安全地送出去，把上级的指示安全地带进来，的确不是件容易事。一旦被敌人发现，不仅个人生命难保，而且会给党的组织和革命工作带来很大的损失。为此，她也感到责任重大。如何安全地把市内的情报送出去，把上级的指示带进来，她整天苦苦思索，想出了不少的办法。开始，她把信卷在头发卷里，后来又把信放在孩子的棉裤夹层里。一次，我让她把一份重要情报送到济阳，并且要亲手交给曹明惠或陈济民同志。为了安全地通过卡子，我们又商量了个新的藏信方法，就是把信件卷成小纸团，放在馒头里面。动身之前半天内不让小孩吃饭，送信临到卡子时，才把馒头拿出来给孩子吃。按照这个办法，我的家属领着孩子出发了。她还是按原来的路线走，经过三和街、正觉寺街、剪子巷、北坦、炭场子，到洛口。

洛口是南北交通要道，敌人防守严密。她快到洛口渡口时，见一人被活活打死在路旁，过路行人吓得急忙离去。这时，她心里感到特别紧张。但她重任在身，继续往前走着。

她走出不远，就听到一个哨兵大叫起来："抱小孩的，到哪里去？"她听到这喊声，急忙往前走了几步，随即把篮子里的馒头拿出来给孩子吃。到了哨兵跟前，她沉着镇静地回答："回娘家去！"那哨兵打量她一番，说："过来检查一下。"哨兵还没检查完，她一看孩子吃得过猛，眼看馒头里的秘密快要暴露了。她急中生智拧了孩子一把，一巴掌把馒头打在地上。孩子卖命地哭起来。哨兵没有检查出什么东西，放过了他们。她赶紧捡起馒头，过了卡子，心

里像一块石头落了地，这才平静了下来。急忙赶到济阳，把党的重要情报交给了曹明惠同志。领导还表扬了她，称赞她为“巧送情报”的交通员。

要解决打入干部进城问题，首先必须弄到“良民证”。那时老百姓没有日伪印发的“良民证”，休想进城。

为了弄到“良民证”，我们开始和伪警察人员交往。三和街警察所所长尚明启，有一定的民族意识，对日军的所作所为，怀有不满情绪，他同情革命。我把这些情况向领导做了汇报，领导认为可以做争取警察所所长的工作。

一天，我去警察所找尚明启，谈话之际，尚明启又一次流露出对日军的不满。佩服共产党、八路军，说八路军是真正的抗日队伍，共产党为的是人民大众。我们越谈越投机，我便开诚布公地对他说：“尚所长你的为人我知道，你有民族正义感，有同情革命的精神，这是很可贵的。既然如此，你为何不另找一条出路呢？”

“你是什么人？说这话的目的何在？”尚所长吃惊地看着我。

“我是八路军派入市内的干部，尚所长，望你能认清形势，迅速做出决断，利用工作之便，多为我们打入市内干部落户口和办理证件提供方便。”他思索了一会儿，说：“我愿意暗中和你们来往，并给予工作上的方便。但表面上不能有任何的暴露。”我说：“绝对给你保密，绝不食言。”

从此以后，尚所长经常帮助我们地下党组织做些工作，给我们地下工作者安全地出入济南市提供了不少方便。同时，在他的支持和安排下，警察所文书李晓燕、警察张怀忠等都对我们党的地下工作给予了很大的支持和帮助。

明鑫制镜厂开业不久，组织上派来赵鉴同志做我的账房先生，和我一起开展地下工作。为了工作的方便，我们请示上级领导批准后，让老赵到大观园一家米粉店当账房先生。

大观园是个闹市，是繁华的场所，这里来往人多，容易接近一些敌上层人物，有利于搜集情报，开展工作。老赵当了大观园米粉店账房先生后，同上层人物接触较多，花费也随之增大。一次，组织上派我母亲给老赵送去了金条，取回了情报。几个月后，我又派冯克勉同志给老赵送去了金条，还有一封信。几天后老赵发现自己的身份暴露了，立即对老板讲：“我出去洗个澡。”他出店之后，急忙跑到我家里。为了进一步把问题搞清楚，我马上又到米粉店去。买了两个菜、二两酒，独自喝起来。不一会儿，来了两个中年人，坐在另一张桌子上。他们边吃边问老板：“你的账房先生呢？”老板回答说：“先生去洗澡啦。”他俩嘀咕了几句，又吃喝起来。看他们的打扮、神态，我断定他俩是来逮捕老赵的。于是，我赶快离开米粉店，返回精忠街。决定让老赵立刻离开济南回工委机关。但当时济南岗哨林立，戒备森严，老赵出城十分困难。在这种紧急情况下，我们决定到警察所去找尚所长和文书李晓燕，让他们帮助解决。

我急忙跑到警察所，找到了李晓燕，和他说明来意，李晓燕当即表示给予帮助。他给我们搞了一张名片。老赵拿着这张名片，由李恩云送他出了南围子门，顺利地通过岗卡，安全地撤出了济南市。

（本文选自济南党史网）

京山抗日故事三则

文／左其丈

抗日战争时期，京山是鄂豫边区重要根据地之一。从1938年10月到1942年秋，京山的丁家冲、八字门、小花岭为鄂中和鄂豫边区党、政、军首脑机关驻地。京山的山山水水，留下了李先念、陶铸、陈少敏等革命前辈的光辉足迹。京山人民在他们的领导和教育下，在伟大的抗日民族解放战争中，经受了严峻的考验，作出了重要的贡献，发生了无数可歌可泣的动人故事。

痛击日军

1939年3月下旬，时任鄂中区党委军事部长的陶铸带领应抗手枪队和黄定陆带领的京应抗日自卫中队都住在丁家冲。一天，地方党组织送来情报说，由四五十名日军押运的四十多只木船，自徐店沿富水逆流而上，要向宋河镇的日军驻地送去慰问品和劳军物资，并要夜宿罗店的下周河。陶铸立即同“应抗”挺进大队长蔡松云和黄定陆商量，决定打一场伏击战。根据黄定陆的建议，伏击地点选在罗店至宋河之间的公安寨。

这天夜晚，部队集中在丁家冲的赵家祠堂，先由黄定陆说明公安寨的地形特点，这里是富水西岸，岸坡陡峭壁立，背后是一片开阔丘陵，进可以攻，退可以守，是个打伏击的好地方。然后由陶铸作战前动员。他身穿黑色短袄，腰插左轮手枪，赤脚草鞋，威武中透着几分儒雅。他一边走动一边说：“现在日军非常嚣张，我们要狠狠地杀他一个下马威。这是我们第一次主动出击敌人，从敌我力量对比看，人数都差不多，敌人的武器装备比我们好，有战斗经验。但是，我们在岸上，敌人在船上；我们的兵力集中，敌人兵力分散；我们居高临下，出其不意，攻其不备，而敌人骄横至极，毫无戒心。这是我们伏击制胜的最有利条件。”这一席话说得指战员们摩拳擦掌，勇气倍增。接着，他宣布两支队伍统一由蔡松云指挥，黄定陆任副指挥。大家进行简短而认真的讨论后，部队就连夜出发了。

1939年3月30日凌晨，陶铸带领队伍来到了公安寨。按照地理位置，作好战斗部署。直到上午8时，敌船才慢慢开来。当敌船全部进入伏击圈时，蔡松云扬起手枪，“叭”的一声，划破了田野的宁静。霎时，机枪、步枪、手榴弹，加上呐喊声，如万箭齐发，一起射向敌船。敌人猝不及防，被打得晕头转向，有的中弹落水，有的死伤船头。因为河东岸一片平洋，没有任何掩体，一个穿有红巴巴衣服的日军逃上岸后，为了活命急忙脱去了一身衣服，抗日战士还是一枪结果了他的性命。抗日战士们越战越勇，陶铸看到远处公路上尘土飞扬，发现是日军骑兵赶来增援，就让蔡松云命令部队及时撤出了战斗。

这场伏击战，由于陶铸的亲自领导和指挥，大获全胜，给了日军一个迎头痛击，毙伤敌军二十多人，缴获新三八式步枪两支和一部分敌人劳军物资。那个穿红巴巴衣服的劳军团长被击毙后，因为他是皇亲，宋应公路沿线据点的日军为他戴孝三天，并把他的尸体运回东京。

鄂中抗日首战告捷，鼓舞了广大的抗日军民，国民党军队贪天之功，在他们的报纸上吹嘘：“京山国军进行抗日处女战，取得重大胜利。”陶铸于1939年11月17日发表在鄂豫边区党报《七七报》（二十号）的《论鄂中游击战争的新阶段》一文中说：“在富水河畔之公安寨，胜利地予敌人以有力打击，光荣地展开第一次鄂中游击战与敌人的搏斗，这不仅兴奋了鄂中的人民与鼓舞了鄂中的游击队，而且动摇了大部分的伪军。”

勇释敌兵

1943年农历五月中旬的一天，京山县城南二十里的吴堰岭及其附近查角岭的老百姓响应抗日民主政府的号召，抓住战乱中的片刻安宁，忙着春耕生产。忽然，查角岭东面吴堰岭的群众纷纷向西边山里逃跑，说是从钱场方向朝吴堰岭开来了下乡“扫荡”的日军，查角岭的群众急忙丢下手中的农活，也跟着向山里逃去。疯狂的敌人照例到各家各户翻箱倒柜，闹得鸡飞狗跳，折腾好一阵后，才猖狂离去。

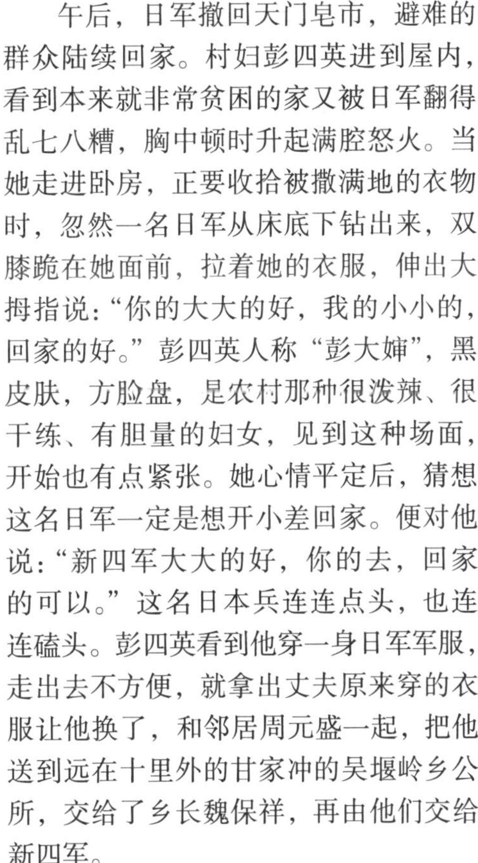

午后，日军撤回天门皂市，避难的群众陆续回家。村妇彭四英进到屋内，看到本来就非常贫困的家又被日军翻得乱七八糟，胸中顿时升起满腔怒火。当她走进卧房，正要收拾被撒满地的衣物时，忽然一名日军从床底下钻出来，双膝跪在她面前，拉着她的衣服，伸出大拇指说：“你的大大的好，我的小小的，回家的好。”彭四英人称“彭大婶”，黑皮肤，方脸盘，是农村那种很泼辣、很干练、有胆量的妇女，见到这种场面，开始也有点紧张。她心情平定后，猜想这名日军一定是想开小差回家。便对他说：“新四军大大的好，你的去，回家的可以。”这名日本兵连连点头，也连连磕头。彭四英看到他穿一身日军军服，走出去不方便，就拿出丈夫原来穿的衣服让他换了，和邻居周元盛一起，把他送到远在十里外的甘家冲的吴堰岭乡公所，交给了乡长魏保祥，再由他们交给新四军。

两天后，吴堰岭却由此而遭受了一场劫难。

吴堰岭是一个小集镇，住有近百户人家。这天凌晨，从皂市开来大股日

陶　铸

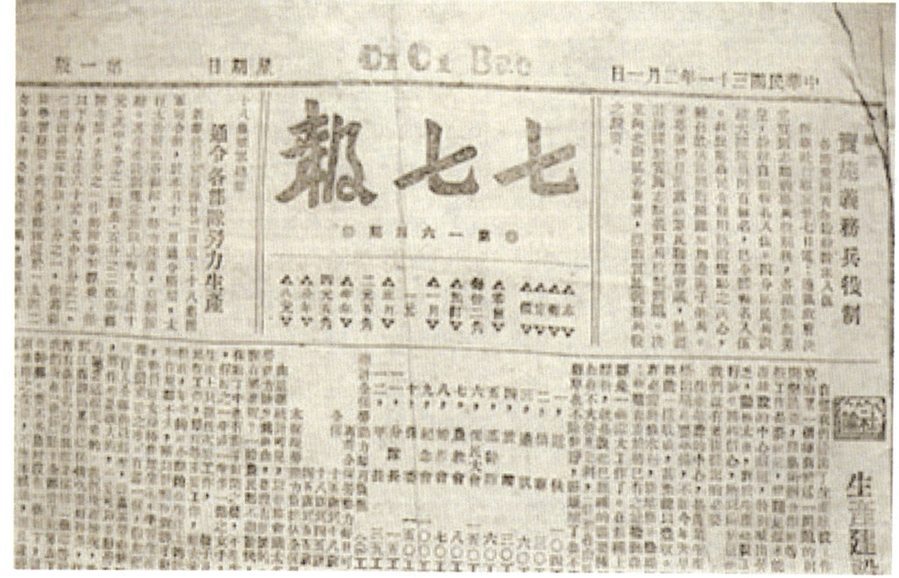

中華民國三十一年二月一日　Ci Ci Bao　星期日　第一版

七七報

第一六一期

實施義務兵役制

通令各部隊努力生產

《七七报》

军，如临大敌，将吴堰岭团团围住，把全镇男女老少，连同清早来吴堰岭赶集的群众一共四五百人，一起赶到武圣庙前的广场上，令其通通跪下，四周架着机枪，杀气腾腾。翻译官喊话，前两天一名日本兵在这里失踪，现在要将失踪的日军士兵立即交出，否则，就要将在场的人全部用机枪扫死。祸从天降，谁知道这名日本兵的下落？！善良的群众心惊肉跳，不知怎样免除这场灾难。几百名群众这样跪着，也有人在想解救的办法。场上有人提供，查角岭的彭大婶知道这个日本兵的下落，只有把她找来；另外，彭大婶聪明能干，能说会道，远近闻名，也只有她来才能对付日军。他们要徐才保和吴厚安两人去查角岭找彭四英。彭四英的丈夫桂必成前几年死去，她一人带着三个小孩生活。她是全家的主心骨，孩子们都未成人，去了万一有个三长两短，孩子们怎么办？乡亲们劝她不要去。去与不去，她的思想斗争很激烈。为了几百名乡亲的安危，她义无反顾，毅然前往。一路走，她一路思考着对策。来到广场上，她面对日军军官，镇静自若，侃侃而谈，自圆其说地陈述了日军士兵逃走的时间和去向，几百名群众随即被释放。然后，日军把彭四英带到皂市，不管日军怎样威逼利诱，彭四英始终一口咬定那名士兵是自己逃走的。日军无计可施，三四天后，只得将其放回。

严惩叛徒

1945 年 5 月中旬的一天，京山抗日根据地石板河附近村子里的富户张大先生家里，突然遭受一小股日军的抢劫。人们感到很稀奇，这几个日本兵说话怎么是本地人的声音？村里几个胆子大的年轻人跑去仔细一看，穿的衣服、皮靴倒是真的，胡须则是用毛笔画的。原来是一伙冒充日本人做坏事、发洋财的无耻之徒。于是，大家把他们捆了起来。这几个“日本兵”在地上连滚带爬，哇哇乱叫：“不行的，不行的，我的许家坝大大太君的。”许家坝常驻日军，离这里只有十几里路，大家听了，更感到这几个家伙愚蠢可笑。

石板河的民兵组织当时就把这几个“日本人”押到京山县委社会部，经过审问，原来是毛天才指使他们干的。

毛天才是个什么样的人呢？他好吃懒做，不愿意劳动，睡到太阳晒到屁股都不起来，属于农村不务正业的一类人。1938 年初，石板河地区开展抗日宣传、组织发动群众时，他跟着混，表现积极，又出身农民，组织很看重他，后来入了党，当了石板河乡乡长。一当乡长，就忘乎所以，对下级要官僚，有钱就乱花，讲漂亮，穿线布军装。因为他是本地人，熟悉情况，便在“剿匪”工作中让他当参谋，他却说：“参谋不带长，打屁都不响。”人家喊他“参谋长”，他高兴得不得了，生活上大吃大喝，享乐腐化，打起仗来贪生怕死，畏缩不前。日军“扫荡”石板河时，他躲在村子里，同他的两个皮绊（意为情人、情妇。南方个别地区方言）在床上睡大觉，还要游击队员替他放哨。上级对他批评教育，他也满不在乎，只得将他撤职。可他不但不悔过自新，重新做人，反而离开革命队伍，开了小差。可是不久，又从天门把他捉了回来，上级仍给他一次重新做人的机会，为了挽救他，禁闭都没让他坐，还给他安排了工作，要他戴罪立功。可是他执迷不悟，照样摸牌赌博，大吃大喝，变本加厉，腐化堕落。因为要大肆花钱，所以就干起杀人越货、抢劫民财的罪恶勾当。

这个事情一败露，毛天才感到末日来临，就拖枪到应城汤池投靠日军当上了副中队。为了取得日军信任，更好地升官发财，就通过他的皮绊曾幺，要她利用亲戚关系，阴谋策反我京山县大队手枪队队长黄祥源。

黄祥源将情况及时报告县委。县委也正在想办法捉拿毛天才，听到这一情况后，正好将计就计，处决叛徒。为了让计划稳妥可靠，不露破绽，先要曾幺将黄祥源的衣服、曾幺的鞋壳、细软挑成一大担到汤池去找毛天才，并说要二百元的活动费，要他定好接头时间。曾幺蒙在鼓里，不知真伪，欢天喜地地去了。第二天，她高高兴兴地回来，带了一百元活动费，说好了接头时间，还嘱咐黄祥源，将那支快慢机带去。

1942 年 5 月 1 日下午，京北县委社会部部长王家吉带领一排人，化装成群众，埋伏在曹武街到汤池的大路旁。太阳快落土了，大路上渐渐传来吆喝牲口的哇哇声，曾幺骑在一头毛驴上抱着她将近两岁的小孩子，口里还说："再也不吃那里的鬼麦米饭了。"黄祥源在后面跟着，像是两口子赶集似的。他们在路上走，我们化了装的队伍在离他们不远的田埂小路上吊着线。到了离汤池不远的易家店，黄祥源对曾幺说："我在这里等，你去找毛天才来。"曾幺屁股一扭一扭地没走几步，回转头来说："你在这里等好，我们很快就来。"

天已经黑了，不一会儿，就隐隐约约听到有脚步声，路上出现一男一女的两个人影，后面跟着的是毛天才。毛天才老远就喊："祥源，祥源！"黄祥源故意没理他。毛天才心里狐疑起来，一下子停住了脚步，他拉住曾幺说："呃，不能去了，前面有两个人，端着枪对着我们。"曾幺大笑不止，一巴掌拍过去："见你的鬼了，那是两块石碑。"毛天才放了心，大步朝前走，又喊："祥源，祥源！"祥源这才答应说："怎么这时候才来？"毛天才高兴地说："喊了半天你不作声，把人都急死了。还用那么低哑嗓子来鬼声鬼气。"两个人看着靠近了，埋伏的同志仍没有行动。黄祥源担心时间长了，被毛天才看出破绽，整个计划落空，埋伏的同志也未见动静。毛天才正朝着他走近时，又问了一句："伙计！你快慢机带了没有？"黄祥源正在犹豫时，这话提醒了他，他当机立断，对他说："怎么没带？给你看看！"他一驳壳甩过去，不想打死他，打中了他的大腿。毛天才一歪，坐在地上，毛天才还了一枪，子弹从黄祥源的耳边飞过去，他想爬起来跑，埋伏的同志们及时赶到，一拥而上，把他团团围住。毛天才这时才明白过来，知道中了计，他看到瘦高个子正是社会部部长王家吉，顿时磕头如捣蒜，连声哭喊："对不起，对不起，王部长饶我一命。"王家吉说："你自找死路，人民再也饶不了你。"几声枪响，毛天才扑地啃草，这个民族败类，得到了他应有的下场。

（本文由中共湖北省委党史研究室供稿）

浴血硝烟中的骡背上报馆

文/渝　文

在抗战时期和解放战争初期，《新华日报》作为中共大型机关报，由周恩来等老一辈无产阶级革命家亲自创办，也是我党第一份在全国公开发行的报纸。但鲜为人知的是，中共在晋东南还创办了《新华日报》华北版，在敌后区域开辟了一块紧密配合军事斗争的新闻阵地。

《新华日报》华北版是中共中央北方局的机关报，1939年1月1日于山西沁县正式创刊，后称太行《新华日报》，发行于晋冀鲁豫等地。该报由杨尚昆、彭德怀、左权、陆定一、刘伯承、邓小平等组成党报委员会，陆定一任委员会主任。报社具体事务由共产党人何云负责。1942年5月，何云等四十多位报社人士在侵华日军的疯狂“扫荡”中不幸遇害，成为我党新闻史上最沉痛、最悲壮的一页。

《新华日报》（华北版）报社旧址

敌后办报

第二次国共合作开始后，中共与国民党当局商定，在南京公开发行中共党报《新华日报》。后由于国民党顽固派的阻挠及日军的逼近，报社被迫迁至武汉，于1938年1月11日在武汉正式创刊。何云被调到《新华日报》任国际新闻栏目主编。

1938年秋，党的六届六中全会后，中央决定在晋东南创办中共中央北方局机关报——《新华日报》华北版，由何云任分馆管理委员会主任（社长）兼总编辑，负责具体的筹办工作。

到敌后出版中央一级的党报，没有先例，何云可以说是费尽了心思。1938年10月初，何云到达晋东南后，立即赶到中共中央北方局和八路军总部接受指示，商定办报方针。刚开始，何云大抓新闻干部的培训工作，办起了一百多人的新闻记者训练班。这些人和延安抗大、鲁艺等学校派来的一批文字和美术工作者，组成了《新华日报》华北版的基本队伍。何云率领这支队伍和相关设备，于10月底在沁县后沟村开始筹建报馆。经过紧张的工作，不到一个月，报馆初具规模。12月编印试刊后，《新华日报》华北版于1939年元旦正式创刊。创刊时为四开四版，隔日刊。报纸一出版，发行量就达两万份，一年后发行量已达五万余份。

何云经常告诉报社同志：“一个铅字等于一颗子弹，在敌后办报就是无形的战斗。”他的这句话，形象地反映了《新华日报》华北版火线办报的情况。在激烈的反“扫荡”中，报社没有固定的地址，经常转移。在何云的带领下，报社人员和印刷工人制造了小型轻便的活动铅字架和小型脚踏机、轧墨机、浇版机，连同电台、纸张、油墨，只用三匹骡子即可驮走，被何云称作“背起报馆打游击”。他还将工人和编辑人员组成连队，荷枪实弹，一面跟日军周旋，一面设法出报。因此，尽管当时环境恶劣，炮火连天，《新华日报》华北版却从未中断出刊，国内外重大新闻及时刊印出来，供党政军领导参阅和根据地人民阅读，指导对敌斗争。

报社电务科在何云和电台同志的不断努力下，发展成为华北敌后强大的新闻信息接收机构，当时电务科能收到延安新华社、重庆中央社和世界各大通讯社的电讯，打破了国民党的垄断和封锁，使《新华日报》华北版的国际新闻比中央社特发得还快。报社还编印《每日电讯》，提供给领导和兄弟报刊参阅。遇到战斗紧张时，何云便在休息间隙命令报务员架起电台，收听延安新华总社的新闻。不能铅印，就出油印战报。1939年日军“扫荡”时，何云将报社人员化整为零，分别出版东线版、西线版、南线版、北线版，全面反映时情。“百团大战”时，他带领部分记者，携带油印机，跟随彭德怀、左权、刘伯

何　云

承、邓小平等同志日夜战斗在火线上，及时报道最新战况。

随着《新华日报》华北版在敌后区域的影响日益增强，不仅得到敌后抗日根据地军民的信赖与支持，被称为“华北人民的喉舌”和“华北抗战的向导”，还受到国外的关注，美国《今日中国》杂志、苏联外交人民委员会曾长期订阅。可以说，《新华日报》华北版成了当时敌后抗战中最有力的新闻媒介。朱德曾这样评价：“一张华北版《新华日报》顶一颗炮弹，而且天天和日军作战。”《新华日报》华北版创办一周年时，杨尚昆在讲话中说：“《新华日报》华北版在敌后诞生的一年，是艰苦奋斗的一年。在极度困难和日军大举‘扫荡’的情况下，也不断努力安排与读者见面，在我们新闻史上写下了光辉灿烂的一页，开辟了敌后新闻事业的新纪录。”

《新华日报》（华北版）当时使用的印刷机

遭遇“扫荡”

由于《新华日报》华北版有力地打击了敌人，日军便千方百计地想要消灭它，每次“扫荡”都把摧毁《新华日报》华北版作为主要目标之一。当时，报社邻近敌军驻地，距离仅二三十里，敌我双方的枪声声声入耳。但报社的同志们毫不畏惧，冒着烽烟战火坚持工作，保证出报。一次，何云与来访的重庆《新华日报》记者陆诒饮酒谈天，他告诉陆诒：“你们在国民党统治区办报，只是笔杆抗战而已，可是在此地，则是铅字和子弹共鸣，笔杆与枪杆齐飞。”

日军为了摆脱太行军民抗日斗争的威胁和太平洋战争爆发后的困境，于1942年5月19日从同蒲、石太、平汉等铁路线据点，纠集了两个师团和一个混成旅及大批伪军共三万多兵力，向太行山地区进行所谓“铁壁合围”“篦梳式”的疯狂“大扫荡”，妄图摧毁八路军前方总部和中共中央北方局等首脑机关。这次“扫荡”之周密，手段之毒辣，超过以往任何一次。太行山区硝烟弥漫，炮火连天。日军所到之处，烧杀抢掠，灭绝人性。

何云看到形势险恶，一面利用报纸及时将敌动态、暴行告诉人民，大声疾呼：“提高警惕！紧急战备！”“太行敌军续增，‘扫荡’企图愈明。”并将报纸改为战时小报；一面组织报社的同志积极备战，让大家轻装上阵，将女同志、病号、小孩以及不便携带的物品隐蔽到二十多里外的庄子岭。庄子岭地形险要，山洞较多，且树木丛生，是八路军总部的后方隐蔽基地。

5月24日，日军开始向辽县、武安、偏城袭击、合围。25日，以六千多兵力从西、北、南三面向艾铺合围，并以多架飞机轮番轰炸为配合。为了适应打游击和出报，何云将报社成员临时编成两个连队，由报社秘书长史纪言、印刷厂厂长周永生分别担任连长，对外总称是八路军教导队，何云亲自担任队长，并任命上过抗大的林火任指导员。25日凌晨，八路军总部从麻田、大林口出发，何云奉命带领二百多人的报社队伍，在一个警卫排的掩护下，与总部一起向游击根据地附近的庄子岭、寺子沟转移。队伍撤离山庄时，已听到枪声，经过南艾铺时，被敌人发现并遭其加紧合围。我军在十字岭方向跟敌交战的枪炮声不绝于耳。

十字岭是太行山主脉，前往庄子岭、寺子沟就必须经过这里。何云带着教导大队爬上十字岭，经过一路急行军，于25日上午10时前后顺利到达寺子沟。这时，总部的队伍还没有过来，何云便让报社同志休息，待命行动。

等到黄昏，仍不见总部的人来。何云眼望西山，火光冲天，枪声不断，他心急火燎，给总部领导写了一封信，派人专程去找总部联系。同时鼓励报社同志不要着急，抓紧时间休息，养足精神准备战斗，并和史纪言、周永生安排大家宿营，组织警卫排站岗放哨、干部轮流值班守夜，自己则和编辑部的同志研究出报。

然而，直到次日中午，仍不见送信的人归来，倒是几架敌机隆隆而来。它们左盘右旋，越飞越低，向下俯冲，投弹，扫射，响起震天动地的轰炸声。何云急忙将人马分散到沟谷、山洞和树丛中隐蔽。三匹驮着铅字、印刷器材的骡子被炸死，翻倒在山沟里，铅字撒满了山坡。战时出铅印报的计划无法实现了，何云和同志们忧心如焚，不时向西山仰望，切盼送信人的消息。

黄昏时分，大家发现西山山梁的路上隐隐约约有人影。经人打探，竟是野战政治部主任罗瑞卿带着突围的同志在那里休息。联系之后，何云急忙集合队伍，连走带跑地赶上山岭与之会合。罗瑞卿向他们介绍了总部这几天的情况。原来，总部遭到敌军突袭，紧急之时遇上刚从外线向西的一二九师主力七七一团前来援助。击退敌人后，总部决定兵分两路，一路由彭德怀率领向西突围，另一路则在七七一团的掩护下，由罗瑞卿率领宣传、民运、敌工部等机关向东南突围。罗瑞卿部队经过两天一夜的行军、战斗，疲惫不堪，正在这里休息。

第二天拂晓，罗瑞卿率政治部和大队人马沿着高山狭路，向东南方向转移。不久，发现前面山下有敌人。罗瑞卿当机立断，命令全体人马兵分几路，分头向西转移。何云则指挥教导队沿着山坡向西疾进，到达武安县馆陶川后爬上西边高山。突然，南山头传来枪声，青年木刻家赵在青被机枪打中，摔下山沟，不幸牺牲。何云忍着悲痛，带领队伍来到坡底深谷旁边，与政治部大队人马会合。罗瑞卿待各分队会合后，立即集合队伍，宣布此时已陷入敌人包围圈，决定化整为零，分散突围。后分别召开小组会议，讨论如何行军突围。经报社同志讨论，决定分成三路：一路由何云率领少数编辑、电务、印刷工人组成轻装小分队，随罗瑞卿突围转移，继续出报；

另一路是采编部、参考室等部门的同志，由陈克寒和林火带队，随某团突围，到太南采访；余下人员由史纪言带领就地分散隐蔽，和老乡们一起打游击。何云将此计划向罗瑞卿做了汇报，得到批准后，立即分头行动。

何云带着准备出油印报的小分队随罗瑞卿部队突围，由于敌人封锁很严，突围了几次都遇到困难，只好退回到庄子岭西山沟里的树下隐蔽。天黑时，敌机投掷燃烧弹，山坡上的干草都燃烧起来，部队一边灭火，一边继续突围。到次日天亮前，大部分同志突破了包围圈，但何云与部分同志没能冲出去。

天亮后，敌人以密集的队形，以所谓“篦梳战术”开始搜山。何云等人寸步难行，吃饭喝水都成了问题，又和上级失去了联系，也不知敌人在哪里，陷入困境。为此，何云果断提出对策：一是设法转移到庄子岭去隐蔽，与上级取得联系后再出油印报；二是由电务科副科长文绥带着五六人从另一方向去庄子岭，约定太阳落山后在庄子岭集合。为了减少目标，让文绥带着电务科的同志先走。何云命令身边的同志：“不要把子弹打光了，留下最后两颗，一颗打我，一颗打你自己，我们绝不能当俘虏。”

血洒太行

何云带着四五人在敌人搜山之际，突围到辽县东南大小羊角村附近，却被山上的敌人发现，遭到了疯狂射击。何云的腿脚行动本来就很困难，加上连日来水米未进，疲惫不堪，因此不幸被敌人的子弹打中，负了重伤昏倒在地。医护人员赶来抢救时，何云的第一句话就是：“我的伤不重，快去抢救前面的同志。”可当医护人员检视完其他伤员后再来看他时，何云已流尽了最后一滴血，年仅三十八岁。

而另一边，文绥带着电务科的几个同志按照何云的安排，边走边侦察，几次绕过敌人，于下午到达庄子岭隐蔽起来。待太阳下山敌人停止搜山后，仍不见何云等人到达，大家心里很着急。后来，从文书科长刘川峙的口中得知，何云在离庄子岭七里路的地方牺牲了，那里还有很多伤员，没有人照应。

于是，趁着夜幕降临，文绥带着人跑到现场，只见何云倒在地上，鲜血流了一地。而距他不远的几位同志都负了重伤，不能行动。这时，敌人在山头放起了火，他们疯狂地喊叫着，已近在咫尺。电务科的同志不顾个人安危，含着眼泪把何云的尸体抬到半山坡的一棵大树下。因没有工具，无法掩埋，大家便垒起石堆，掩盖住尸体，让敌人以为那仅是一堆石头。随后，他们又抬着几个

太行新闻烈士纪念碑

负伤的同志回庄子岭隐蔽。

第二天，敌人又展开队形，向山洞、树林搜索，山上、山下到处是日本兵、伪军，很多同志阵亡。医生阎兆文不顾个人安危，冒险救治伤员时，猝遇一股敌人，惨遭杀害。报馆经理部秘书兼主任黄君珏、译电员王健和医生韩岩三名女同志躲在一个峭壁的山洞里，被敌人发现。当敌人逼近洞口时，黄君珏从暗处举起手枪一连击倒两个敌人，子弹打尽后，猛然一跃出洞，纵身跳下百丈深渊，壮烈牺牲。王健和韩岩宁死不屈，被敌人吊起，牺牲在燃起的柴草火焰中，惨不忍睹。还有新闻特派员、青年诗人高咏，背着即将完成的长篇叙事诗《漳河牧歌传》投入战斗，身陷重围，被敌刺死。出版科科长肖炳焜、总务科科长韩秩吾、国际版编辑缪乙平、编辑黄中坚等也在突围中牺牲；报社管委会秘书长杨叙九、印刷厂指导员梁振山等人被俘后，英勇不屈，惨遭杀害；史纪言、调研科长王友堂、电务科长王默罄等同志身负重伤……

日军疯狂搜山进行了半个多月，直到6月5日，彭德怀从十字岭突围后，到外线指挥部队攻打了长治的日军飞机场，烧了汽油库，敌人才仓皇撤离。在5月反“扫荡”的斗争中，华北新华日报社牺牲、被俘、失踪共计四十六人。他们的鲜血洒遍了太行庄子岭的沟沟坎坎，这是我党新闻史上悲惨的一页。

反“扫荡”结束后，9月1日，延安举行了“第九届记者节暨追悼青记总会北方办事处主任何云及全体新闻界殉国烈士纪念会”。会上，杨尚昆对何云烈士的事迹做了报告，博古发表了讲话，王若飞、李维汉、陶铸、胡乔木等同志参加了追悼会。当天，延安《解放日报》发表了杨尚昆《悼何云》、陶铸《沉痛的哀悼》等文章。《新华日报》华北版发表了邓拓《哭何云同志》的挽诗：

文章浩荡卫神州，血溅太行志亦酬。
党报事艰来日永，同侪心痛老成休。
云山遥祭挥无泪，笔阵横开雷大仇。
后死吾曹犹健在，不教胡语乱啾啾。

1986年5月，由太行新闻史学会、山西省新闻工作者协会发起，经中共山西省委、省政府批准，在华北新华日报社驻地麻田修建了一座太行新闻烈士纪念碑。纪念碑正面镌刻着杨尚昆的题词：太行新闻烈士永垂不朽！

（本文选自《红岩春秋》）

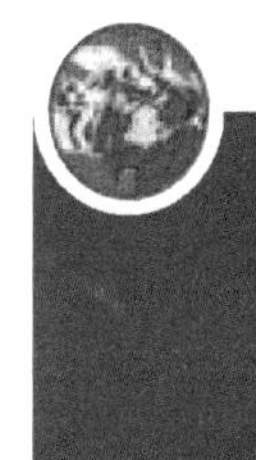

我儿时记忆里的抗战

文／赵英林

我于1937年，七七事变前夜，在冀中平原一个不是很大的乡村里出生。在我的记忆中，父亲常年抗日在外。至解放战争胜利前夕我与父亲同住前，父亲的形象在我的脑海里只是一两次短暂的模糊的记忆。所以，虽然我内心对父亲十分崇敬，而要叫声“爹”却是较难出口的。

我记得，那时大家都说我们村是抗战模范村，周边村里大多有日军的炮楼，唯独我村没有。因为日军白天派人监工修炮楼，到了晚上，他们怕被八路军干掉，就撤走了，日伪军汉奸一走，炮楼就立即被老百姓拆除了。反复如此，时间一长，日军也就失去了再修炮楼的信心。

我记得，大概是在日军对冀中平原进行残酷“大扫荡”的年份里，有一天早晨，我村遭到敌人的突然袭击，我们被手端刺刀的日伪军堵在了屋里，母亲和一个与我们做伴的叔伯姐姐遭到了日本兵的拳打脚踢。我们被逼到小学广场上去开会，我和弟弟紧紧依偎在母亲和大姐姐的怀抱里。

我记得，一旦遇到上述情况，母亲总是抱着或拉着我们躲到靠后的人群深处，或把我们塞给关系密切的邻居，怕被汉奸认出我们是“抗属”。

我记得，在我家隔院的一个叔伯哥哥家的上房里，日本兵和汉奸采取吊打、压杠子和灌辣椒水等酷刑逼那些受怀疑的维持会人员供出“八路到底藏在哪里”。侧对门的一个伯伯，不久便因这次酷刑所造成的内伤含恨死去。邻村我那唯一的姑父，也是被日本兵这样活活打死的。

我记得，在日军汉奸的围追堵截中被打死者的家人，夜晚在房上哭喊招魂的声音是那么的凄惨，令人不寒而栗。

我记得，我那位现在石市工作的表

弟生母就是在逃跑中被日本兵打死的，他也摔伤致残，被我的一位无子女的姨姨抱养。长大成人的他很争气，后来成了清华大学毕业的高级工程技术人员。

我的母亲是个勤劳善良、爱憎分明的好母亲。作为“抗属”，我家成了真正的“堡垒户”。每当区县干部住到我家里时，这个叫大嫂，那个叫大婶，女同志搂抱着我们亲若小弟弟，男同志抱住我们用胡子扎得我们咯咯笑，真是亲如一家，好不热闹。

我记得，为以防万一，村里抗日骨干夜晚聚到我家，在正房东头的夹墙里挖地洞，母亲忙里忙外烧水做饭，懂事的我也不睡觉，就站到大门口望风、放哨。为砌洞口，我也帮着搬砖，不小心摔倒在地，磕破了嘴唇，流着血却不敢大声哭泣。

为了支持我的父亲在外抗日，小脚的母亲带着我们兄弟二人辛勤耕作，纺线、织布，忙里忙外，既为着我们母子三人的生计，还得供给父亲一部分衣物、鞋袜和零花。为抢农时，母亲一人忙不过来时就带上年幼的我们兄弟俩，教我们间苗、锄草、翻红薯蔓等农活。弟弟贪玩不好好学，我却能想着多给母亲帮点忙。我们母子实在干不了的农活，才去找村干部要（抗属）“代耕”或者找关系密切的街邻帮助。浇地时，我总是陪着大人改沟子；在地里干活需要送饭时，母亲忙不过来也总是把送饭这个活交给我去干。我个头不高力单薄，还总想挑着担子走快些，边走边换肩时碰洒了罐子里的稀饭，只把干粮送到地里，帮工的大人们也不生气，就喝着井里的凉水吃干粮。母亲知道了也总是安慰我：“累了就歇歇，放下担子再换肩。”不安慰还好，一安慰我倒伤心地哭了起来。为了报答人家的帮忙之恩，人家浇地需要改沟子的，母亲总是主动让我去给人家帮忙，也就包含了一定程度上的换工之意。

抗战时，乡亲们的生活都十分艰苦，冬天农闲时都很少吃粮。为了过冬，秋末时家家户户总是削不少红薯干、萝卜片，加上井藏的新鲜红薯和窖藏的萝卜、大白菜，就成了人们过冬的主、副食。一天，母亲削下不少红薯片要吊到房顶上去晾晒，房子高，我力气小，怕一下吊不到房顶上，就站在矮一些的墙头上，先吊到墙上缓一缓，再递给房顶上的弟弟。吊了几筐还可以，但时间一长就没有力气了。记得在吊另一筐时，筐快到墙头了，我因换手时未抓牢绳子，筐子掉到了地下，我被摔到了墙外面，摔得我疼痛难忍，好久爬不起来，母亲急忙过来抱起我痛哭不止。我虽倔强地咬着牙尽量不哭，但也喊出了：“我爹在哪里？”他们行动机密，又有谁能搞清楚他们到底在哪里，只是偶尔听村干部们说：“前些天有人看到他们在铁道东活动，现在有可能到路西了吧？”“前不久他们又在一个村里于天亮前掏出一个大汉奸杀了。”……中华人民共和国成立后，偶尔提到我摔伤的这些事，父亲总是深感愧疚、含泪不语。

我记得，我家对门一个比我大许多岁的晚辈（论辈分他叫我叔叔），名叫“造记”，他对我家帮助最大，起粪、垫圈这样的脏活、累活总是他帮着干。母亲过意不去，不是做件衣服，就是做双鞋给他穿。日军“扫荡”时，也总是他们兄弟三个轮流背着我跑，拉着我走，有时跑散了，几天几夜见不到母亲的面，

我心里也不慌。造记是我儿时心目中的英雄，他在村里当过民兵队长，后来参加了八路军的区小队，作战勇敢枪法好。有一次，他骑自行车到外面单独活动，碰上几个汉奸紧追不舍，他掏出手枪放倒两个，吓得敌人趴在地上不敢追。等他们回过神、爬起来再追，造记骑着车子早已跑出去好远了。后来，他牺牲在与敌人搏杀的战斗中，我听说后十分悲痛。1958年我回乡时，首先来到他家里，进门就喊造记的名字。他娘含泪提醒我："他不是牺牲了吗？傻孩子。"我才猛地醒悟过来。

母亲这一辈子，特别是抗战时期，除了吃苦耐劳之外，节俭持家是街邻们所特别称赞的。她对自己几乎刻薄到了无以复加的地步，总是糠一口，菜一口，吃块红薯算是好的，米面很少沾她的口，省下的米和面总是等区县干部来时或用人时才会舍得拿出来吃。每当此时，我兄弟二人算是可以享到一点口福，而母亲仍是背地里吃糠菜和红薯。所以，我特别崇敬我的母亲——她是世界上最善良、最疼爱别人而不心疼自己的好母亲。

父亲为抗日工作，常年奔波在外，我对他的直接记忆少得可怜。记得有一次，八路军的干部正在一个村里开会时，突遭敌人包围，不少人藏进了一个未挖通的大地道里。由于叛徒出卖，敌人找到了洞口，他们点着了柴火和辣椒，往里扇风灌烟，呛死了不少人。后经部分武装人员与外面的人员配合，强行冲杀了一番才使剩余的群众幸免于难。据说父亲是未钻此洞的人员。后来我才了解到父亲当时是县公安局除奸队的主要负责人，经常搅得敌人心神不安，所以日伪曾出告示以数百现大洋买他的人头，但始终未能得逞。父亲是个很少谈论自己抗战事迹的人，中华人民共和国成立后我仅有一次听到他和一位战友谈起他在一次遭敌包围后未能突围，就藏到了一个厕所里，将装不了几粒子弹的小手枪顶上膛，一旦敌人闯进来，就决一死战，打死一个够本，打死两个赚一个，最后一粒子弹留给自己，决不当敌人的俘虏。

以上是我对抗战时期的部分童年记忆和掠影。我的爱和恨就萌生在这些记忆里。我的吃苦精神、助人为乐、尽力做好事不做坏事的纯朴感情和品格也潜藏在这些记忆和父母的言传身教里。

（本文选自《文史月刊》）

抗联将领冯仲云传奇

文／史义军

1955 年 9 月冯仲云授勋后摄于北京

冯仲云，江苏武进人。1927 年 4 月 24 日，在清华大学读书时加入中国共产党。1930 年 4 月，在北平青年会搞飞行集会时被捕。10 月被释放后，由老师介绍到哈尔滨商船专门学校教书，以此为掩护，从事地下工作。九一八事变后，他开始了十四年艰苦卓绝的斗争经历。

家是省委机关

冯仲云从清华大学数学系毕业后，到哈尔滨商船专门学校任数学教授。该校位于太阳岛东北二百米处，是青岛海军学校分校。冯仲云以教授身份为掩护，在江北区委做宣传工作。

1931 年 5 月，薛雯在北平读完中大附中时，来哈尔滨太阳岛与冯仲云结婚。结婚以后，薛雯每天划着小船过江送冯仲云去上课，晚上再划船把冯仲云接回来。

当时，北满特委领导及哈尔滨的几位左翼作家，如罗烽、白朗、萧军、萧红等时常来太阳岛，在冯仲云家开会，商谈抗日救国工作。每次开会，都是薛雯给他们烧水，放哨。1931 年，九一八事变发生时，中共中央巡视员罗登贤正在哈尔滨巡视工作，得到事变发生的消息后，即刻组织了北满党的负责干部会议。会议就在太阳岛冯仲云的家里开的。

九一八事变后一个多月，设在沈阳的中共满洲省委领导机关遭到破坏，领导成员大部分被捕。罗登贤在危急中受命组建新省委，并于 1932 年把省委机关迁到哈尔滨。满洲省委转移到哈尔滨前后，与中央的交通联系一度中断，得不到中央的汇款，就靠冯仲云在学校教书挣的钱和四处借贷的钱款作为活动经费。

设在沈阳的中共满洲省委领导机关遭到破坏后，为了防止牵连到哈尔滨的党组织，冯仲云举家迁往南岗区河沟街一间俄式木屋，后来转移到现为中共满洲省委机关旧址纪念馆的哈尔滨市南岗区光芒街四十号（小戎街二号）俄侨的红顶木屋。从此，这栋俄式住宅成了省委秘书处。冯仲云任秘书长，薛雯担任文书兼做内部交通工作。冯仲云的女儿冯忆罗曾回忆说，从小她就听妈妈薛雯讲，在她只有六个月大的时候，妈妈就抱着她在哈尔滨市内跑来跑去传送秘密文件。敌人到处设岗搜查行人，妈妈常常机智地将文件藏在冯忆罗的身上。其实，发生在小戎街的事，大多是冯忆罗长大成人后才知道的。那些在冯忆罗小时候出入她家里的伯伯和叔叔，有很多是中共满洲省委的负责人，这些人是罗登贤、杨靖宇、赵尚志、周保中、韩光等。

1930 年冯仲云清华大学数学系毕业留影（学士照）

赵亮、纪松的《冯仲云传》记载：

1932 年初夏，党在哈尔滨组织一次伪军士兵的起义。为了这次行动，需要大量的宣传品。时间紧迫。一天夜间，就在冯仲云的家里进行着紧张的印刷工作，省委书记罗登贤用毛笔蘸着阿木尼亚药水写蜡纸，薛雯和赵尚志印刷，冯仲云一面放哨，一面数着纸张。冯仲云和薛雯出生不久的女儿媛媛睡在机器旁边的藤箱里。阿木尼亚药水的臭气熏得人直打喷嚏，媛媛也被熏得尖着嗓子哭。印刷机开动有“嗒嗒”的声音，很需要用她的哭声来掩盖。但是她哭累了就又睡着了，慢慢地她也适应了屋里的空气。午夜两点多钟，附近的狗叫起来，接着有脚步声。凭经验知道是巡夜的过来了。冯仲云急忙提醒大家注意，但是时间不允许停止工作。尽管窗户已用厚布帘子罩上，还是怕灯光透出去。薛雯瞧了瞧熟睡的女儿，灵机一动，狠了狠心在女儿的身上拧了一把，孩子哇

哇地大哭起来，孩子的哭声掩盖了机器声。外面的脚步声时断时续，一有声音，孩子就受一次折磨。望着可怜的孩子，薛雯的心像刀绞一样难受。罗登贤也非常心疼，工作结束以后他立刻抱起媛儿，抚摸她身上青一块紫一块的伤痕，轻轻地吻着她满是泪痕的小脸，疼惜地说："可怜的小囡囡，让你受苦了，为了安全完成任务，不得不让你参加我们的工作啊！"

冯仲云、薛雯夫妇

装哑巴捡回一条命

1932年10月，冯仲云作为满洲省委巡视员去了汤原。在那里，他整顿组织，发展党员，解决了党团员民族分布不合理的现象；领导秋收抗租；办党员积极分子培训班；整顿并重建受了挫折的汤原游击队。虽然历尽艰辛，但取得了很大的成绩。

抗联老战士李在德在回忆母亲——烈士金成刚的文章中谈到自己的奶奶让冯仲云装哑巴的故事：

一次冯仲云来到我们村开展抗日活动，住在我们家。有一天正在准备开会，突然有一群穿着便衣、带着枪的人闯进村子，他们见到外来人就抓。母亲怕冯仲云受害，就将他的东西和近视眼镜藏好。正在这时，敌人已闯进院子里，将冯仲云堵在屋中。在这紧要关头，奶奶急中生智，让冯仲云装哑巴。敌人进屋抓住冯仲云就打，母亲和奶奶急忙上前阻拦。奶奶说："他是我的二儿子，从朝鲜来看我。他是个哑巴。"敌人不相信，要拖出去枪毙。母亲和奶奶拽住冯仲云死死不放，哭着喊着不让带走。母亲又急忙上前说道："他是我的哑巴弟弟，你们欺负一个不会说话的人算什么能耐！"说得敌人无言以对，不得不问周围群众，群众都异口同声地说："他是老太太的哑巴儿子。"敌人无可奈何，只好灰心丧气地走了。

冯仲云一直都记着这件事，他说他这条命是装哑巴捡回来的。

步行五百多公里回哈尔滨汇报工作

1933年4月，冯仲云在老交通员李生的带领下从汤原步行五百多公里回哈尔滨汇报工作。冯仲云回到哈尔滨的时候，身上满是虱子，棉袍破旧不堪，和乞丐已无区别。薛雯在《我任中共满洲省委交通员期间的战斗生活》一文中是这样描述的：

一天，我由于头天夜里赶抄急件，快到早上3点钟才睡觉，上午还昏昏沉沉地打着盹。孩子在我身上爬着玩，突然听到"咚，咚咚，咚"的敲门声。这是芝英（即左芝英）来了，我开门让她进了屋。她显得很激动，一面脱大衣，一面低声说着："薛雯，快些去看看，老

冯回来了，他穿着太破烂了，不敢直接来这儿。他就坐在前面花园的西北角上，你走过去就可以看到他。”她说完把孩子接过去。我得了这突如其来的消息，一股暖流冲上心头，立刻向指定的地方走去。这个花园乱草丛生，不能说是花园，仅是一个林园，人迹稀少。对着这个花园的西北门是个熟悉的杂货铺，门口站着一个小伙计在望着我。当我进西北门往前看去，果然看见石头上坐了一个又瘦又脏穿得又很破烂的人。我怕那小伙计望见我们的行动，忙说：“你跟我后面走，咱们一边走一边谈吧。”他理会了我的意思，在后面跟着，碰到生人，就把手伸出装作向我乞求的样子。

“你怎么不给我写信呢？”我用有点带埋怨的口吻问。

“你的通信关系调走了，又因为封江交通不便，不好派交通回来找省委。大家都好吗？孩子呢，长大了吧？”

“我们都很好，孩子也很好。你是怎么回来的？”

“走回来的，我这个样子不便去道里、南岗找你们，找了三天，才算找到了一个关系。我同交通两人到昨天只剩下四角钱，吃了就住不了店，因此不敢吃饭了，昨晚幸而找到了一个同志，若不然不知又要饿几天呢。”

和妻子薛雯的忠贞爱情

1934年10月，中共满洲省委机关遭到日本侵略者的破坏，小戎街秘密地点暴露，冯仲云离开省委被派往珠河游击队工作，薛雯的交通员工作交给冯仲云的妹妹冯永莹负责。薛雯带着冯忆罗和刚刚四个月大的儿子，转移到上海寻找党组织。

“那是一次难忘的生离死别。”冯忆罗回忆说，当时，日本兵拿着薛雯的画像，在哈尔滨的大街小巷四处搜捕。爸爸和妈妈已经几个月未见，临别时的一面，妈妈流泪了。爸爸嘱咐妈妈：“这可能是长期分离，也可能是永别。不管怎样，我们都要无愧于革命。”“给囡囡起个名字吧。”也就在这一天，冯仲云得知了原中共满洲省委书记罗登贤在南京雨花台就义的消息，为了纪念这位爱国者、革命家，他和妻子薛雯给女儿起了个庄重而又不易重复的名字“冯忆罗”。

那一别竟是十二年。十二年中，冯仲云在白山黑水间浴血奋战，无数的战友在他身边倒下，他自己也曾染过伤寒、负过重伤，用草根、树皮充饥，在零下四十摄氏度的严寒里露宿野外，面对着篝火，思念着远在他乡的妻儿。

从春到秋，从冬到夏，冯仲云对妻子、儿女的感情就和他所秉持的理想一样坚定。

在那艰苦的岁月里，抗联将领再婚者不乏其人，有人也曾给冯仲云介绍过，也曾有女战士追求过他，但都被他婉言谢绝了。为此，他还专门写过一首小诗示人，以表心迹：

从军伍，少小离家乡；

念双亲，重返空凄凉。

家成灰烬，墓生春草，我的妹妹流落他乡。

兄仲云，妹妹薛雯；

十年前，同居于太阳岛。

松花江上，乘风破浪，分别后藕断情长。

风凄凄，雪花霏霏；

夜朦胧，寒鸦觅巢回。

歌声声我妹能听否？

茫茫天涯我无家可归。

1934年，薛雯带着儿女离开哈尔滨返回江苏老家前路过北京时的合影

关于这首诗，据抗联老战士、原黑龙江省政协副主席李敏说，每当冯仲云深情地吟唱这首诗时，我们就问他是否想薛雯了，他都毫不隐讳地回答说："是的。"

1945年8月，日本无条件投降，回到东北的冯仲云立即通过组织关系寻找妻儿。

1946年7月，冯仲云和爱妻薛雯、女儿忆罗在哈尔滨重逢。不久，陈云、彭真、林彪、林枫四对夫妇在道里区一家小饭馆聚餐欢迎薛雯，大家共同赞美冯仲云和薛雯的忠贞爱情。

我是按命令来报到的

1945年8月26日，远东苏军总司令部军事委员会希金中将召见了抗联教导旅旅长周保中，下达了远东苏军总司令华西列夫斯基的指示：八十八旅中现有的中国人员和苏联人员要分别行动；苏联人员暂时不动，中国人员要随苏军各方面军分别占领东北战略要点，并准备接受驻各城市苏军卫戍副司令的任命；规定29日前报送出军官提级授衔名单。当时，冯仲云被授予上尉军衔。为配合苏军抢占东北战略要地，抗联部队主力在周保中、李兆麟率领下，从9月初开始分批由苏联返回东北，到达长春、沈阳、哈尔滨等地。

抗联部队的战略要地共有十二个中心点，分别是：长春，周保中负责；哈尔滨，李兆麟负责；沈阳，冯仲云负责；吉林，王效明负责；延吉，姜信泰负责；齐齐哈尔，王明贵负责；北安，王钧负责；海伦，张光迪负责；绥化，陈雷负责；佳木斯，彭施鲁负责；牡丹江，金光侠负责；大连，原派去董崇斌等七人，后因苏军接管大连，董崇斌等人撤到长春。

冯仲云带领的沈阳组，于1945年9月10日由长春奔赴沈阳。到沈阳后，冯仲云来到苏军沈阳卫戍区司令部报到就任副司令，苏军司令卡夫通见到冯仲云后傲慢地说："我是少将，你是上尉，怎么能当我的副司令呢？"

听了这句极不礼貌且带侮辱性的话，冯仲云说："我是按命令来报到的。"说着把带去的苏联红军司令部的命令送上。命令是不可违抗的。就这样，上尉衔的冯仲云当上了沈阳卫戍区的副司令，职权是负责有关中国事务的联络。

日本投降后，给中央写信，希望中央尽快派人来东北

迅速与中共中央取得直接联系，这是东北党组织多年来的愿望。为了尽快与中央联系上，东北党组织委托负责沈阳地区党和军队工作的冯仲云就近设法与关内联系。1945年9月10日，冯仲云电告在长春的周保中："冀热辽军区李运昌部的先头部队曾克林已率三千人进驻沈阳。"

这一消息让周保中异常兴奋，他马上向华西列夫斯基元帅求助，要求派飞机送代表去延安。当时，华西列夫斯基正要求就八路军出关事宜与中共中央联系，就同意派出飞机。他命令进驻东北的后贝加尔方面军司令马里诺夫斯基备好飞机，先到沈阳接冯仲云、曾克林等，然后飞抵延安。飞机到沈阳后，冯仲云临时有事不能去延安，便给党中央写了一封信，汇报了抗联回到东北配合苏军占领各战略要地的情况，并表示"希望中央派人来，越快越好"。

9月14日，曾克林乘飞机到达延安。15日，向中共中央转交了冯仲云给中央的信，汇报了东北的情况。中央政治局听取汇报后，对东北的实际情况加深了了解和认识。当天，成立了以彭真为书记的中共中央东北局。19日，中共中央代理主席刘少奇，在取得当时在重庆谈判的毛泽东的同意后，当天以中共中央的名义发出指示："全国战略方针是向北发展，向南防御。只要我们能控制东北及热、察两省，并由全国各解放区及全国人民配合斗争，即能保证中国人民的胜利。"

依据上述战略方针，从1945年8月中旬到11月中旬，中共大批军队和干部先后进入东北，一路由热河和北宁路开进，一路由胶东渡海进入东北。到11月底，东北的部队有二十余万人，党政干部两万余人，其中中央委员、候补中央委员二十人。

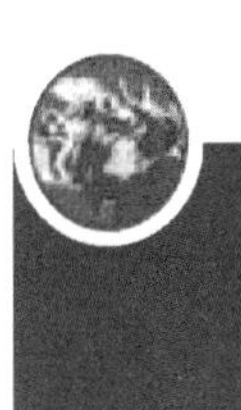

不穿军装的将军

1946年5月15日，《东北日报》报道了一则消息，标题是："五百万人民朝夕盼望下松江省民主政府成立，抗日英雄冯仲云当选省主席"。松江省政府成立后，百废待兴，但冯仲云没有忘记为中华民族的解放事业而捐躯的英烈们。1946年7月7日，是抗日战争胜利后第一个重要的纪念日。这一天，松江省和哈尔滨市各界二十万群众举行盛大的集会和游行，冯仲云在会上发表讲话并提议把哈尔滨的三条主要街道改名为靖宇街、尚志街、一曼街，以纪念抗日民族英雄杨靖宇、赵尚志、赵一曼，并获通过。早在1945年10月，还在沈阳工作的冯仲云就曾建议把珠河县改为尚志县，以纪念牺牲的赵尚志将军。此后，吉林省蒙江县改为靖宇县，距赵尚志牺牲地最近的合江省鹤立县梧桐镇改为尚志村。

哈尔滨第一所烈士子弟学校继红小学也是他提议创办的。

电影《中华儿女》《赵一曼》都是在冯仲云的直接关怀和指导下拍摄而成的，为宣传抗联起到了不可低估的作用。

1955年9月27日，中共中央、国务院、中央军委为表彰人民解放军战功卓著的将领，举行了隆重的授衔、授勋仪式，毛泽东为朱德、彭德怀等将帅授衔、授勋。在这些人当中，有一位身着便装的人，那就是冯仲云。

勋章是对军人的奖励，而在当时拍摄的影像中，冯仲云身着便装十分引人注意。由于冯仲云当时已离开部队到地方任职，所以不能被授予军衔，但由于他的功绩显赫，所以被授予两枚勋章：一级八一勋章和一级独立自由勋章。便装授勋，在这一殊荣的背后，是共和国

1946年8月，冯仲云与家人重逢后的第一张全家福

对他和抗联的高度表彰。

东北抗联与日军浴血奋战了十四年，他们在七七事变以后，几乎被人忘掉了。他们孤悬白山黑水，为着全民族的自由苦苦奋斗着。为了大众的解放，全民族的幸福，他们受尽了饥渴风霜之苦……有的都没能亲眼看见抗战的胜利，甚至有些人死后连个名字也未曾留下……作为东北抗日联军第三路军政委的冯仲云和第三路军总指挥李兆麟一起，领导了大小兴安岭、松嫩平原等地的一系列游击战斗，曾攻克过克山、讷河、肇源等县城，震动敌垒，给呻吟于敌人压迫下的同胞以极大的鼓舞。

冯忆罗回忆说："我母亲曾经跟我讲，我父亲在授勋以后，回到家里特别激动，手里捧着两枚金色的勋章，当时跟她说：'我呀，这个不光是给我的荣誉，而且，这个是给我们满洲地下党省委和东北抗联的同志十四年浴血奋战的一份荣誉。'他说：'毛主席紧紧地握着我的手，我特别激动。'毛主席对他讲：'你是冯仲云，是东北抗日联军的。'毛主席还说：'你们东北抗联，比我们长征还要艰难、艰苦。'"

（本文选自《党史博览》）

抗战时期的梅兰芳

文/佚　名

练画蓄须　逃出虎穴

1937年8月13日，日军进攻上海，淞沪战事爆发。日军占领上海不久，得知蜚声世界的京剧第一名旦梅兰芳住在上海，就派人请梅兰芳到电台讲话，让其表示愿为日本的“皇道乐土”服务。梅兰芳洞察到日本人的阴谋伎俩后，便决定尽快离沪赴港，摆脱日军纠缠。于是他给日本人带口信说，最近要外出演戏，便携家率团星夜乘船赴港。

梅兰芳

梅兰芳来到香港后，深居简出，不愿露面。为了消磨时光，他除练习太极拳、打羽毛球、学英语、看报纸、看新闻外，把主要精力用来画画。他喜欢画飞鸟、佛像、草虫、游鱼、虾米和外国人的舞蹈。这些作品，家人和剧团人员看到后十分高兴，都说给他们带来了许多美感和欢乐。

1941年12月下旬，日军侵占香港，梅兰芳苦不堪言，担心日本人会来找他演戏。怎么办？他与妻子商量后，决心采取一项大胆举措：留蓄胡子，罢歌罢舞，不为日本人和汉奸卖国贼演出。他对友人说：“别瞧我这一撮胡子，将来可有用处。日本人要是蛮不讲理，硬要我出来唱戏，那么，坐牢、杀头，也只好由他了。”

1942年1月，香港的日本驻军司令酒井看到梅兰芳蓄着胡子，惊诧地说：“梅先生，你怎么留起胡子来了？像你这样的大艺术家，怎能退出舞台艺术？”梅兰芳回答说：“我是个唱旦角的，如今年岁大了，扮相不好看，嗓子也不行了，已经不能再演戏了，这几年我都是在家赋闲习画，颐养天年啊！”酒井一听，十分不悦，气呼呼地走了。过了几天，酒井派人找梅兰芳，一定要他登台演出几场，以表现日本统治香港后的繁荣。正巧，此时梅兰芳患了严重牙病，半边脸都肿了，酒井获悉后无可奈何，只好作罢。翌日，梅兰芳感到事态十分严峻，香港也成了是非之地，不能久留。于是他立即坐船返沪，回到阔别三年多的上海老家。

夫人献计　躲过劫难

国民党亲日派首领、大汉奸汪精卫，在南京成立伪国民政府后，自任主席兼行政院长，并在上海大都市设立特务机关。特务头子吴世宝提出要宴请梅兰芳，并劝梅兰芳作一次慰问演出。消息传来，梅兰芳心头一震，自言自语地说：“才出虎穴，又入狼窝，这世道怎能让人活下去！”梅夫人见丈夫忐忑不安，茶饭不思，便说：“不行的话，明天我去赴宴，与他们周旋。”

次日，梅夫人来到汪伪政权特务机关的76号宅院。特务头子劝她说：“几年不见梅老板，听说蓄起了长长的胡须，是不是为了在国民面前要个面子？我看大可不必，太太应该关心他才是。如今日本人当道，还是识相点为好。”梅夫人当即回击说：“梅兰芳是个中国人，岂能出卖祖宗、放弃节操！”特务头子听后勃然大怒，指着梅夫人恶狠狠地说：“梅老板唱了几十年的戏，大概还没有领教过我吴某所导演的‘舞台’吧。”说完，硬领着梅夫人去看铁门里血淋淋的刑具，接着又陪梅夫人赴宴。梅夫人坐在桌边，始终不动嘴巴，不动筷子，以沉默抗争。特务头子便伸出罪恶之手，端来一铁罐硝镪水进行威胁。梅夫人毫不畏惧，镇定自若地说：“硝镪水岂能毁掉他的国格和人格！”言罢，拂袖而去。

梅夫人回到家中，向丈夫细说了这一切。梅兰芳深感局势严重。就在这关键时刻，梅夫人想起在香港以牙痛驱走日本人的经验：“你放心，事到临头，我自有应急办法。”第二天，当听闻日本人要来，她便吩咐儿子从抽屉里拿出一支四联防疫针，找出针筒，要梅兰芳赶快躺在床上，注射针药。不一会儿，梅兰芳真的开始发起高烧来了。日本人来后，摸了梅兰芳滚烫的额头，只好无奈地摇着头走了。

日伪讹诈　愤然毁画

梅兰芳有一笔演出的收入，在赴港时，曾带往香港存入银行。可是返回上海不久，日军统治下的香港将这笔高额存款全部冻结，无法取出。一直靠利息过日子的梅兰芳，家庭生活顿时举步维艰，全家如何生存成了梅兰芳日夜思考的难题。他问夫人怎么办，夫人说：“最近报纸登出了何香凝女士卖画谋生的消息，我们不妨也来学她。发挥你的绘画才能，卖画度日如何？”

其实梅兰芳早有这种念头，只是没有说出，怕夫人不同意。现在夫人主动说出来了，他自然点头称好。两人着手构思，夫人研墨，丈夫绘画。不到八天，画了二十多幅鱼、虾、梅、松。当市民看到醒目的“本店出售梅兰芳先生近日画作，欢迎光临”的广告时，争相购买。不到两天，二十多幅画就全部卖完了。

这件事传出后，上海文艺界、新闻

梅兰芳舞台照

梅兰芳蓄须照

梅兰芳与夫人福芝芳及子女葆琛、绍武、葆月、葆玖全家合影

界、企业界反响十分强烈，许多知名人士提出要为梅兰芳办画展，梅兰芳得知后特别兴奋，为不负众望，他苦战了半个月，画了几十幅作品，面交主办者安排。主办人员选定重阳节在上海展览馆展出，请梅兰芳夫妇届时光临剪彩仪式。

然而此消息不胫而走，日伪汉奸获知后互相勾结，肆意捣乱，他们派来一群便衣警察，提前进入展览大厅大做手脚，前来参观的群众见状纷纷离开。梅兰芳看见门口冷冷清清，觉得奇怪。当他走进展厅后，发现每幅画上都用大头针别着纸条，分别写有“汪主席订购”“周副主席订购”“冈村宁次长官订购”……还有一些写着“送东京展览”。梅兰芳夫妇目睹此景，气得两眼冒火，立即拿起桌上的裁纸刀，刺向一幅幅图画。“哗！哗！哗！”几分钟内几十幅国画化为碎纸。

梅兰芳义愤填膺的毁画举动，很快传遍整个上海，也很快传向大江南北。上海当局的报纸抢先发布头号新闻，言称：“褚部长目瞪口呆，一场画展一场虚惊！”宋庆龄、郭沫若、何香凝、欧阳予倩发表声援讲话，称赞梅兰芳民族气节凛然，为世人所敬仰。广大群众也纷纷寄来书信，支持梅兰芳的爱国行动。梅兰芳看到全国人民对他如此赞赏和支持，感动得热泪盈眶，兴奋地对夫人说：“我梅兰芳再也不是一只孤燕了！”

举债度日　艰难求生

梅兰芳断了经济来源，生活自然拮据，他只好挥泪卖出北京的房子，接着又卖出自己多年收集的藏品。尽管这样，后来还是举债度日，为此还向亲友借了一笔钱。有的好友得知他家生活陷入绝境，便解囊相助。老画家叶誉虎提议与他合作，办一个国画展览，突出梅、竹的主题，以扩大社会的影响。

沦陷区的上海，一片混乱恐慌，不是停水停电，就是空袭警报，市民生活得提心吊胆。梅兰芳在这种艰苦环境里作画，克服一系列难以想象的困难，画技大有长进。经过八个月的苦战，他一个人就画了一百七十多幅，题材十分广泛，包括仕女、佛像、花卉、松树、梅花等，同叶誉虎的作品一起，于 1945 年春天，在上海成都路中国银行的一所洋房里展出，受到广大参观者的好评。

展览结束后，梅兰芳为了生活，被迫将其中大部分作品卖掉，所得收入一是还债，二是用于家庭生计，三是资助剧团里生活更困难者。梅兰芳苦涩地回忆着这几年的沧桑历程，心境忧闷地对朋友说：“一个演员正在表演力旺盛之际，为抵抗恶劣的社会环境，而蓄须谢绝舞台演出，连嗓子都不敢吊，这种痛苦我无法用语言来形容。我之所以绘画，一半是为了维持生活，一半是借此消遣。否则，我真是要憋死了。”

梅兰芳在抗战期间断然蓄须明志，不为民族敌人演出，表现了一代艺豪不屈不挠的刚强骨气。这一事件成为神州大地感人的佳话，在中华儿女中广为传颂，极大地鼓舞了中国人民奋勇抗战的决心。

（本文选自《世纪风采》）

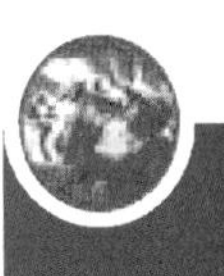

难忘临时伤兵站的余民生医生

文／梁　铁

植地庄战斗后，部队在广州近郊北亭村的石榴果树林里，用竹子和稻草搭起了一间简陋的棚子，作为临时伤兵站，收治着二十一位重伤员。这个站由军医余民生负责治疗和管理，另有女护士、炊事员、小通信员各一人。

当时斗争环境恶劣，附近的河面，不时有日军电船游弋，伪军也经常出没。为保证安全，白天由小通信员爬上树顶放哨瞭望，晚上，余医生在河边露宿放哨，或在村里做上层统战和基层群众工作，了解情况。一有敌情，就迅速做好应变准备。有一次日军电船突然靠岸。余医生镇定地组织伤员往树林深处撤退。能行动的伤员自己走，不能行走的由余医生、炊事员分别背着走，有些互相搀着一歪一斜地走。后来敌人没有深入树林，约半个小时便开船离开了，我们也化险为夷，经受了一次锻炼。

部队物资短缺，不能及时给伤兵站补充供应。余医生就到村中向群众借粮借钱，使伤员们得到温饱，从没有出现缺粮或吃稀粥的现象。有些村民偶尔送些鱼虾或田鸡等食物来，余医生总是吩咐炊事员煮好分给伤员吃。伤员过意不去，劝余医生也吃点，他却笑着说："你们的身子正需要补品，应该你们吃。我不需要补品，吃这些东西，白白浪费了。"他拍着肚皮挺起胸膛对大家说："我不是比你们都胖吗？"引得大家哈哈大笑起来。

有一位伤员腹部中弹，肠子都流了出来；我的大腿和脚部的弹片弹头也要取出来。可是当时既没有麻醉药、止痛药、消毒药，又没有手术器械，真是困难重重。然而余医生没有被困难吓倒，他反复向伤员解释并鼓励大家忍痛合作。他用刮胡须的刀片和普通的钳子作手术的器械，用盐水代替消毒药。他施手术时，伤员们个个咬紧牙根，含着眼泪忍着痛，谁都没有叫苦，也没有呻吟。有些人看着，有些人紧闭眼睛，任由医生向伤口切、割、钳、挑。医生满头大汗，不时问："忍得住吗？歇一歇再做好吗？"伤员们几乎同样地答："你做你的吧！不要管我！"

日子一天天消逝，伤员们一个个康复归队了。有些伤员伤口还未完全愈合，就向医生申请归队了。但每个伤员，都忘不了余医生，忘不了治愈自己的伤兵站。

（本文选自《南华烽火》）

随父亲为新四军采购军需物品

文／陶家云

我的父亲陶震生（又名陶翔知）是党外人士，安徽天长铜城镇人。他从年轻时起就在家乡开办了宏新香烟公司。我记得，厂房宽大、明亮，整齐地排放着卷烟机、切丝机、滚筒机、动力柴油机等机器。工厂里大约有三十名员工，父亲从上海请来了技师和包香烟熟练的女工，从镇江请来了制盒工人。工厂每天能够生产几万支香烟。在当时看来，规模是相当不错的。凭借着父亲的经营头脑，公司的产、供、销模式令当地商界人士耳目一新，不少人都希望能够与他合作经营香烟生意。

抗日战争全面爆发后，我们党在淮南、淮北等地建立了抗日根据地。我的父母深知“没有国就没有家”的道理，主动将宏新烟草公司无偿献给新四军，以实际行动支援抗日。就这样，宏新烟草公司作为新四军在安徽路东八县联防办事处财经处下属的利民合作社，生产“飞马牌”香烟。办事处主任陈穆和父亲接触密切，张云逸、邓子恢、彭雪枫、罗炳辉等首长先后都来看望过父亲，称赞他在国难当头之时献出工厂的行动是爱国之举，称赞他“是有民族气节的爱国商人”。彭雪枫师长在接见父亲时说：“在敌人对我军严密封锁的关键时刻，你交出了烟厂，与新四军生死与共、真诚合作，我表示感谢！”

由于当时条件所限，新四军的兵工厂都由各师自己组建，从无到有，规模小，且都分散在不同的地区，军工物资

的采购是关键。为此，首长们征求父亲的意见，希望他能够为新四军二师、四师的军工部和卫生部采购军工器材、医疗器械、医药用品。父亲采纳了首长们的建议，他认为，在国难当头的时刻献出烟厂，为新四军采购军需物品，就是为抗日战争出力；能够与新四军的将领结为朋友，能够相互以诚相待、彼此信赖、共同抗日，是一生中做得最正确的事情。从此，父亲往返于敌占区和根据地之间进行采购工作就如同家常便饭，父亲将自己和全家人的命运紧紧地维系在新四军二师、四师军工工作的生命线上。

父亲每次采购的物资都是按照军工部、卫生部的要求和所需材料、药品的清单办理。父亲采购的物资有刨床、车床、钻床、动力柴油机等急需的军工机械，也有制造枪榴弹的原料和各种西药。大部分军工物资是由父亲送到师部，也有一部分是师里的同志到我家里来取。如硫酸、硝酸等，都是用大坛子封装好的，整齐地排放在我家院内墙边上，大人们一再叮嘱我和弟弟、妹妹不许靠近，更不许我们触摸。

那时候，兵工厂的吴运铎等同志经常到我们家来取物资，只要父亲不在家，都是母亲招呼他们，为他们忙前忙后。那时，我们全家人齐心协力支持父亲的工作，我年迈的祖父也帮着忙里忙外。

1943 年末至 1944 年初，父亲采购的一批军工物资及西药在镇江被敌伪三师查获，敌人按照一封电报上注明的地址去抓父亲，结果扑了个空。后来，敌人在上海抓到父亲，押回镇江市。敌人对父亲软硬兼施，想从父亲的嘴里套出背后的指使人。父亲和敌人唇枪舌剑，据理力争，毫不退让。敌人把父亲绑在老虎凳上严刑拷打，用辣椒水灌父亲，致使父亲口鼻出血，辣坏了气管。父亲始终坚贞不屈，只字不吐。

吴运铎

地下组织的同志及时将情况汇报给新四军的首长们。二师的同志根据邓子恢主任的嘱托，来铜城将父亲被捕、组织上正在积极营救等情况告诉了我的母亲。母亲和祖父立即与来的同志一起将存放在家中的物资迅速运走。一家人都急切地等待着父亲被营救的消息，却忽视了我染上伤寒病的大弟（当时已经十岁），他因贻误了治病时机而病逝。不久，组织上派人带着二十四根金条去扬州找青帮头子王老太爷联系（组织上曾允许父亲拜此人为师，主要是利用关系开展工作），请他出面设法营救我父亲。王老太爷亲自到镇江疏通关系，将父亲营救出来。

邓子恢

出狱后，父亲异常惦记还在敌人手里的那批军工物资和药品，根本顾不上养伤。他四处筹款，拿出家中祖传字画和积蓄，多方面打通敌伪关节，竭尽全力去疏通关系，终于从伪军手里把那一批物品全部买了出来，运回新四军路东办事处。为此，张云逸、邓子恢、张爱萍、方毅几位首长会见并宴请了他。席间，张云逸副军长说：“陶震生同志死里逃生，而且物资完整无缺地运回来，立了奇功。”首长们对父亲在完成采购任务中遇到的意想不到的困难、挫折，甚至危险，都能随机应变、化险为夷，赞不绝口，称他是“铁嘴钢牙”的陶震生。父亲却说，为了抗战，无论付出什么代价都是值得的，再好的传家之宝都没有新四军需要的物资贵重。确实，父亲的诚信和机智在新四军首长们心中留下的印象是最为突出的。

1945 年春，邓子恢主任派父亲再次去上海采购军工物资。考虑到工作的安全，邓主任指示他带上一个大孩子做掩护，并指示对孩子做好保密教育。为此，父亲决定带我去。父亲对我说，你是为了掩护我的工作而来，我们所做的一切不能对任何人讲。我就是这样随父亲走上了为新四军采购军工物资的革命道路的。

到上海后，父亲租下了跑马厅附近一处楼房的两间房子。每次来人谈工作，我都在楼下放哨。父亲出去接头时都带着我，因为我不引人注目，机密的采购物资清单就缝在我内衣里。那时，父亲每次采购好一批物资都要亲自送回根据地，我们的住所就要变动一次。为了更安全起见，父亲托人把我安排在一个不起眼的私立中学读书。

我在私立中学表面上是读书，实际上是等待着父亲随时找我出去工作，有时还要随他去南京。我很少与同学们交往，从来不和同学们一起到校外游玩。但是，为了完成任务，我经常一个人到上海的闸北去送信。我的学业始终是断断续续的。1946 年 6 月，父亲运送军用

物资到师部，并随军北撤到淮阴，到新四军军部后，由于路途劳累过度，在镇江坐牢受刑时留下的哮喘病发作，高烧不退。首长们非常关怀，请来医生为他诊治。病情稳定后，邓子恢主任让他在沪宁一带继续采购，我跟随父亲为新四军采办物资的工作直至1948年的秋天。

随着蒋介石疯狂挑起全面内战，新四军北撤山东，我的家乡成了敌占区。敌人得知父亲为新四军购买军工物资，多次到家里抓人却扑了空，就把我的祖父和母亲给关押起来，逼迫他们交人。地下党的同志设法托人把祖父和母亲保出来后，祖父为了躲避敌人三天两头的纠缠，决定放弃祖传的家业，带着全家人逃离家乡，先后在扬州、瓜州乡下、六合、南京、镇江、上海等地过着颠沛流离、东躲西藏的生活。仅在中华人民共和国成立前夕不到两年的时间里，我的祖父因年迈和疾病客死他乡，我的四个弟弟、妹妹因肺炎等疾病无钱医治先后死去。我们在家乡近千平方米的祖宅以及家中的物品全都不复存在，地也被他人占用盖了房子，我们在家乡已无立锥之地，全家背井离乡，再也没有回去过。

中华人民共和国成立后，我父亲一直在家乡过着自食其力的生活，直到1986年病逝。一些知道父亲与新四军的许多首长关系密切的人，不忍看着父亲因在镇江监狱落下的哮喘病频繁发作，劝父亲找首长们帮助解决一些生活困难。父亲总是摇头说：“当年我带大女儿采购军工器材，是我们心甘情愿的。现在解放了，不需要采购军工器材了，我又落下哮喘的病根，现在去找首长们，不是伸手讨功给人家添麻烦吗？我们自家的困难自己解决。”

半个多世纪过去了，每当回想起我跟随父亲采购军工物资的岁月，心情总是久久不能平静。特别令我感动不已的是，让我敬仰的邓子恢副总理的夫人陈兰和原国防部部长张爱萍将军，在他们九十岁高龄之际，对我的父亲和我当年为新四军所做的一切给予了很高的评价。这是党对我父亲一生的最高奖赏。我想，父亲留给我的“富贵不能淫，贫贱不能移，威武不能屈”的高尚气节，也是我们中华民族的优秀品质。我们一家人在战争年代的所作所为，仅是在中国共产党领导下万众一心抗战的一个缩影。

（本文选自《炎黄春秋》）

神仙山保卫战

文/朱 岩

神仙山

1943年秋，日军向我晋察冀抗日根据地的北岳区发动了一次“毁灭性大扫荡”，出动兵力总计达四万余人，前后历时三个月之久。“扫荡”一开始，敌人便摆出分进合击的架势，妄图迫使我军主力外转，然后长驱直入控制抗日根据地心脏地区，挖掘物资、掠夺粮食，绝灭抗日军民的生存条件，最后合围歼灭我领导机关与主力部队。对此，晋察冀军区三军分区命令四十二团留在神仙山，坚持内线作战，为外线部队消灭敌人创造有利条件，彻底粉碎日军的“大扫荡”。

神仙山又称大茂山，位于太行山北端东麓的阜平、涞源、唐县三县交界，距阜平县城四十公里。它在汉宣帝神爵元年（公元前61年）就是赫赫有名的古北岳恒山（与今天山西的北岳恒山不是同一座山），与泰山、华山、衡山、嵩山齐名。清顺治十八年（公元1661年）改封山西天峰山为北岳，此后古北岳恒山便被当地百姓称为神仙山。神仙山是一座融自然人文景观于一体，集南北雄险奇秀于一身的北方名山。其主峰奶奶尖海拔一千八六十九米多，上有一座常年香火不断的奶奶庙，即三霄圣母庙。神仙山是北岳区的中心，方圆百余里，群峰耸峙、山峦环抱，到处是悬崖绝壁和天然石洞，有金龙洞、天梯子、跑马梁、阎王鼻子、南天门、九里十八弯等天险。在抗战最艰苦的阶段，这一带山区由于地理位置适中且地势险要，成了八路军在抗日战争中

的重要根据地，也成了边区军民坚持长期游击战争的一个后方依托。晋察冀边区党、政、军领导机关常驻在附近，三军分区机关、华北联合大学、白求恩医学校、伯华制药厂，还有兵工厂、炸弹厂、被服厂、医院以及军用仓库等也都设在附近。很显然，神仙山是晋察冀边区的心脏地带，进攻边区的日军，一定会首先来控制这个地方。因此，上级命令四十二团留在这里坚持内线作战，这一任务十分艰巨。

日军的“大扫荡”从9月16日开始，但直到22日，四十二团才在神仙山东北面的上下马石村和日军接上火。过去每次反“扫荡”，四十二团不是插到外线深入敌占区去活动，就是在边区内牵着敌人的鼻子绕山转，瞅空把日军揍一顿。这套粉碎敌人“扫荡”的打法是他们的拿手好戏，可这次他们却要在相对固定的地区作战，特别是不能离开神仙山，不仅敌众我寡，而且回旋区域小，活动相当困难。

战斗打响后，团部刚转移到金龙洞村子里，侦察员便接连送来新情报：上下马石村的敌人遭到二连抗击已停滞不前，北面的马庄和东面的平房也都发现了敌情。不过这几面敌人的兵力都不多，日军把主力摆在了南面的下店一带，还有几架飞机配合，步步为营，向神仙山逼近。四十二团首长迅速对眼前复杂的敌情展开分析。参谋长马卫华说：“敌人是打算从北面和东面钳制迷惑我们，迫使我后方机关与学校人员向南部靠拢，然后集中主力在山区南部一举消灭我们。”政委熊光焰同意参谋长的意见，并说：“我们得立即采取措施，不但要保证后方人员和物资的安全，还要狠狠地打击敌人。”经过仔细研究，四十二团决定由熊政委带第一连掩护后方机关和学校人员从西北方向跳到圈外，成少甫团长和马参谋长指挥部队留在山区，和当地民兵配合与敌展开战斗。

9月25日，日军先头部队四百余人在飞机的掩护下进攻神仙山“南大门”金龙洞，企图先攻下金龙洞，然后经九里十八弯直插炭灰铺，再占奶奶尖制高点，最后驻山“清剿”，以内外夹击的攻势消灭我军。团首长考虑到：如果敌人驻山“清剿”，则隐蔽在山洞的伤员和坚壁在山沟里的物资一定会遭受损失，所以必须迅速把敌人赶出神仙山。但现在敌人分四路进山，兵力有两千多人；而我军是仅有六个战斗连的小团，还要担任许多掩护任务，怎样把敌人赶出去呢？对此，成团长决定“集中主要兵力对付敌之一路”，先拿南边来的一路敌人开刀。于是，他命令四连坚守悬崖。经过两天的激战，毙、伤敌指挥官以下六十余人。随后的27日、28日两天，日军未有动作，熊政委乘机率一连，掩护还在病中的萧克副司令员和后方机关跳出敌人的包围圈。团首长判断：战术多变是敌人这次“扫荡”中的一个特点，现在日军暂无声息一定是在准备更狡猾的进攻。我军虽然要在神仙山地区和敌人作战，但不能固守在金龙洞一点上和敌人纠缠。于是命令四连撤离原阵地，协同民兵迅速在进山的路旁大量埋设地雷，然后隐蔽在九里十八湾的西山上等候“活靶”。

果然不出所料，29日早上6时，敌一千二百多人，过了金龙洞向九里十八弯“进剿”。日军前面是少数伪军赶着一群山羊踏雷，三架敌机在空中盘旋扫

马卫华

成少甫

射，山炮、迫击炮向周围山崖一顿乱轰。但刚进至十八弯的头一弯就踏响了地雷，一名骑在马上的日军军官被炸死。敌人不敢再走正路，于是沿着山边向前爬，但又遭到四连炮火的猛烈阻击，山上的民兵也一起推石助战。一时间，敌人时而遭受猛烈火力，时而遇到排子手榴弹，脚下是不断炸响的地雷，身上是滚滚而来的石块。九里十八弯只有九里，敌人整爬了一天，死伤百余人，晚上才进占了炭木铺。为了不让敌人定神喘气，四连和民兵联合组成几个战斗小队，轮番袭击露营在村里村外的日军，打得他们吃不好饭，睡不好觉。日军只好架起机枪支起炮，对着夜空毫无目标地放了一宿。因为山头已被我军控制，敌人可能估计第二天会有更厉害的苦头吃，所以30日一早没等天亮，就狼狈地跑掉了。另外三路敌人也同时龟缩了回去。

10月12日，日军又向胭脂洞、三眼井展开进攻。四连节节抗击，毙敌近百。日军被迫退至大沙河、唐河两岸，转入“长期驻屯清剿”行动。他们在边区内地的交通要道及主要村镇设置临时据点，每天派出小股部队上山搜索，捕杀群众、焚烧房屋、抢劫财物、破坏庄稼。四十二团随即受命转战于阜平至王快之间的沙河北岸，一面打击敌人掩护群众秋收，一面负责保障神仙山地区的安全。一周内，四十二团经过大小十八次战斗，以伤亡十七人的代价，取得毙、伤敌两百余人的胜利，从而粉碎了日军对神仙山的第一次“清剿”。

然而，敌人并不甘心失败。11月初，日军又调集了四千余兵力，分为九路以闪击战方式从四面八方突然再次扑向神仙山。区机关、分区机关、学校、工厂、医院和群众，此时都已转回山里，一下都被围在“圈子”里了。四十二团这时正驻扎在金龙洞附近的大台，分区急令他们迅速掩护后方人员分头突围，留下一部分部队在山区牵制敌人，保卫后方。

决定突围时天已黑了，神仙山周围火光闪烁，枪声密集。各单位准备突围的人员都已集合完毕整装待发，可是派出侦察的人员还未回来。直到晚上10时多，侦察参谋赵春正才赶回来报告团长说：“西南方向杨家台与桃园村中间，有两三里路的空隙。在那儿我们还遇到当地的民兵在监视着敌人，民兵说靠那里不远还有我们骑兵团活动。”刚讲完，侦察连长裴志刚也打来电话说：“去东面的侦察员回来了，石门一带有个缺口，侦察员们已经与二团取得联系了。”“好！”成团长说着放下听筒，顿感浑身轻松。他一边报告分区，一边命令各路突围人员立即行动。

突围队伍走后，为了牵制、迷惑敌人，也为了掩护还隐蔽在山里的一些重伤员和紧缺的重要物资，团部命令侦察连抽一个排留在跑马梁附近坚持，三连留一个班在马庄，二连留一个排在奶奶尖，四连留一个排在小铁矿，这样化整为零，以逸待劳，准备和敌人在神仙山鏖战一场。

第二天太阳刚升起，团指挥所便到了奶奶尖。成团长和马参谋长正在奶奶庙旁观察情况，忽然两架敌机擦着山头盘旋，随即俯冲下来。译电员李宗周一下子扑过去，连忙用身子护住机器，敌机一梭子子弹打在他身上，大家赶忙过去看他，谁知他哇的一声蹦起来。大家打开他的背包一瞧，子弹把被子穿了七八个窟窿。但这小鬼却打趣地说：“团长，看我这被子夏天盖上多凉快。”逗得大家都笑了。可笑声未落，敌机又穿过山沟绕了回来，二连一排的战士们就用机枪、步枪对准飞机一阵猛射，紧接着就听一声刺耳的怪叫，这架敌机尾部拖着浓烟斜栽到了对面的山坡上。战士们跳呀，叫呀，有说不出的高兴。这是抗战中为数不多的几例用轻武器击落日机的记录，后来日方出版的资料中也提到了此事，该机驾驶员名叫伊藤。

大家正兴高采烈地议论着，作战参谋突然急急来报，说：“敌人从马庄过来了！”成团长立即命令二连一排进入阵地迎敌。一排战士与敌激战竟日，五六百日军的一次次冲锋，都被他们反击了回去。有一次，几个日本兵端着刺刀叽里呱啦地冲上来，身负重伤的战士刘水儿拿起最后一颗手榴弹，扑过去和敌人同归于尽。

坚持在小铁矿的四连一排也和近千敌人苦战了一整天。二班连续打退了敌人的几次集团冲锋后，只剩下了班长刘成耀一个人，而且身上多处负伤。汉奸喊话要他投降，他用怒骂和大石头回答他们。最后，成群的敌人向他冲去，他抱起掷弹筒，高呼“共产党万岁”，纵身跳下悬崖。

粉碎了敌人的第二次围攻之后，四十二团集中在神仙山以南的康儿沟一带，捏紧拳头，准备更狠地打击敌人。此时已进入12月，朔风凛冽，寒气袭人，被边区军民打得筋疲力尽的日军，露出了要撤退的迹象。

12月7日，从马庄蹿出日军一个大队，裹带着五百多个驮子，在两架飞机的掩护下，向马驿、军城方向疾进，看样子要逃出边区。当晚，敌人宿营在神仙山东麓的曹庄台。四十二团首长判断这股敌人第二天可能继续南窜，马参谋长风趣地说：“日本鬼子既送礼来了，我们不能不表示态度。”最后研究决定，由马参谋长率两个连和机枪排一部，星夜赶往曹庄台西北地区设伏，拦击这股敌人。

第二天天一亮，驻在曹庄台的敌人来到村外沙滩上集合，队形刚刚摆好，四十二团埋伏在村旁山坡上的炮火便像瓢泼大雨似的倾泻下来。日军被这猝然的袭击打蒙了，根本无还手之机。不到一刻钟，河滩上便躺倒七十多个日本兵。因四十二团当时兵力太少，所以未能全歼这股日军，敌人大部分还是狼奔豕突地跑掉了。这次伏击毙、伤敌百余人，而我无一伤亡，被誉为秋季反“扫荡”中一次有典范意义的战斗。

日军两次合围神仙山，四十二团与日军作战三个月，大小战斗四十六次，毙伤敌八百多人，击落敌机一架，缴获重机枪一挺，而日军毫无所获，神仙山保卫战胜利结束。与此同时，各兄弟部队在内线、外线作战中也都取得了胜利，日军对我北岳区的所谓“毁灭性大扫荡”被完全粉碎。在庆祝反“扫荡”胜利大会上，分区首长亲手奖给四十二团一面红旗，旗上写着“神仙山的保卫者”七个大字。

（本文选自《党史纵横》）

轱辘沟突围之战

文／万书才　郑德春

轱辘沟在陕西山阳县境内，是一条四五里的山沟。六十年前在这里，我们与围追堵截的国民党军队进行了一场恶战，战斗的悲壮和激烈至今难以忘怀。

1946年6月26日，河南军区部队完成掩护中原军区主力部队突过京汉铁路后，我们军区三千余人，在司令员兼政委黄林、副司令员张水泉、政治部主任张难的率领下，于7月初，奉令从随县草店石家湾出发北上，沿着泌阳、方城、南召等地在中原军区部队的右侧行进，进入伏牛山地区。这里山大人稀，部队筹粮十分困难。7月27日，我们部队到达西（安）荆（紫关）公路东侧的两岔河。为便于部队筹粮，河南军区首长决定部队分两路西进。黄司令员率领司令部警卫营和七团三营，向柞水木桐沟方向进发，七团一营、二营和干部大队在团长胡玉堂、政委邵敏、副团长赖鹏、副政委张生文、主任杨子谦的率领下向山阳轱辘沟方向前进。当时，万书才在七团二营五连任连长。郑德春是团首长警卫员。

1946年7月28日，我们渡过了丹江，夜间在大山里行军，电台与军区司令部联系不上。7月29日拂晓，部队到达山阳县轱辘沟宿营，二营长张保成传令五连向东侧山梁派出军事哨。万连长带一个班上到山梁，观察了地形，布置好岗哨，和通信员一道下山时，迎面碰见两个穿便衣的人。这两个人是黄司令员派来传令的侦察员。他们说黄司令员昨天下午5时向七团发电报可不见回答信号，因情况紧急，特派他们赶来。传令内容：西进之路有国民党胡宗南整编三师二十旅和两个保安团重兵把守，令七团停止西进，就地打游击。万连长见情况紧急，影响巨大，令通信员带侦察员赶快向团首长汇报，自己立即赶回连队驻地。这时才发现这里是一个只有三户人家的穷村子，老百姓根本无粮，司务长只买到几个小南瓜。南瓜刚下到锅里，枪炮声就从四处响起来了，看来情况不好，我七团被敌人包围了。二营长张保成当即传令五连迅速抢占东侧山梁，坚守阵地，掩护团部和干部大队后撤。五连上到山梁后，发现敌人正朝我方运动，有两三千米距离。万连长严令部队注意隐蔽，密切注视敌情，沉着应战，待敌人靠近了我们再开火。敌人蜂拥而上，猫腰寻找目标，越来越近了，距离有三四十米时，万连长一声令下：“打！”机枪、步枪、手榴弹向敌群投射，敌人遭受这突如其来的猛烈射击，慌忙溃退逃命。击毙七个敌人，活捉两人，缴获苏式步枪三支，手榴弹四枚，子弹一百多发。从俘虏口中得知，他们是陕西山阳县保安团的，还说有河南嵩县保安团在北山梁上以及国民党胡宗南整编三师二十旅在土门镇一带。大约过了一个小时，敌人又以一个连的兵力向我阵地猛攻。由于初战告捷，五连指战员们士气高昂，个个英勇顽强，再次打退了敌人的进攻，敌人又丢下二十具尸体溃退了。后来敌人又有约一个营的兵力连续进攻两次，均被我们打退了。五连坚守阵地五个多小时，打退敌人四次进攻，共击毙敌人六十余人。与此同时，二连长雷世民和副连长李海清带领一个排在五连左前方坚守阵地，同敌人进行着顽强殊死的拼杀。雷连长头部负重伤仍然指挥战斗，李副连长右眼负伤，眼珠都掉出来了，还端着机枪向敌人扫射，直至壮烈牺牲。

下午2时许，二营长传令五连撤出阵地到轱辘沟山下待命，五连刚到山下，万连长猛然抬头向山坡上望去，看到团首长都在那儿。万连长快步跑上去，司号员刘德春、副指导员石伯华和部队都跟上去了。当时万连长上去是想听听团首长下一步的战斗意图。顺眼一看，当时情况很危急，令人震惊，团首长身边只有一个通信排仅有二十多人，而东北山梁上的敌人则是一个团，东南山梁上还有不少的敌人。团部处境十分危险，命悬一线。此时万连长看到邵政委沉着镇静地用望远镜观察敌情，邵政委看见万连长上山来，问道：“你们连的部队上来了没有？”万连长应声回答：“除炊事班外都来了。”这时邵政委大声喊道：“万连长呀，我们向东北丹江方向冲出去，杀开一条血路，就是活路！”顿时，万连长热血沸腾，立即集中四挺机枪，举着指挥小旗，高喊：“同志们，冲啊！”全连指战员以排山倒海之势冲向敌人，机枪班长陈义胜和机枪手刘其忠都端着机枪冲在前面，战士们前赴后继，勇往直前。自恃强势的敌人拼命抵抗还击，战斗打得十分激烈而残酷。后来万连长说，当时心里就只有一个念头，一定要冲出去，保护团首长的安全。经过浴血奋战，五连连续夺取了两个山头，控制了有利地形，掩护后面部队突围。随后，张保成营长率四、六两个连也勇敢地拼杀上来了。几经奋战，终于杀出了一条血路，使整个部队突出了重围。这是用生命和鲜血的代价换来的。轱辘沟里的水被血染红了，万连长的头部、手臂受了伤，左胳膊被打断，他因流血过多行动困难，过丹江时，是张生文副政委和杨子谦主任架着他过去的。

1947年初，中原部队北上过黄河，在山西晋城召开庆功大会，给万书才记特等功，并颁发毛主席和朱总司令瓷像章一枚，奖章背后有万书才的名字。这是党和人民给予的荣誉，它永远激励着我们。

（本文选自《武汉党史》）

夜袭浒墅关

文／乔家霖

1939年5月，暮春时节。叶飞率领以新四军第六团为骨干的江南抗日义勇军（简称“江抗”），从茅山抗日根据地出发，夜行晓宿，向江南水乡地区挺进。越过京沪铁路后，到达无锡梅村地区——这就是闻名于世的新四军“江抗”东进，从而奏响了东路地区抗日的序曲。

决　策

江南的6月，天气格外闷热。“江抗”总指挥部里，正在召开重要的军事会议。1∶50000的军用地图，贴满了一侧墙壁，上面标着各种各样的图形记号。副总指挥叶飞、何克希站在地图前低声商量着，吴焜在笔记本上写着什么，其他领导有的相互讨论着，有的在抽烟。会议进行多时了，汗水湿透了他们的上衣。

“江抗”东进后，为鼓舞东路地区军民的抗日斗志，扩大我党我军声威，总指挥部决定对日军进行一次有力的打击。

攻击目标选在哪里好？大家逐渐把注意力集中到了浒墅关火车站。

临近梅村不远的浒墅关是京沪铁路和京杭大运河的关隘，历来是水陆交通要道、兵家必争之地。它东离苏州二十余华里，西距无锡四十多华里，周围的黄埭、望亭、枫桥等地均有日伪据守。车站是日伪的重要枢纽和据点，若战斗得手，影响一定很大。日军在淞沪战役后长驱直入，十分骄狂，守备松懈。同时与苏州、无锡又有一定的距离，敌人增援需一定时间。因此，总指挥部决定把浒墅关火车站作为攻击目标。

侦 察

1939 年 6 月 20 日，“江抗”总指挥部决定派作战参谋周达明、文工团员李关玉去浒墅关实地侦察，摸清敌人的情况。周达明曾任江南特委军事部长，有比较丰富的战斗经历。李关玉原是浒墅关白马涧小学女教师，熟悉当地情况。

浒墅关一条僻静的街巷里，走来了教书先生模样的一男一女两个人，他俩就是周达明和李关玉。二人观察了一下周围动静，然后一先一后进入茶馆。他们一边喝茶，一边简单商量了几句，李关玉就起身去找以前的同事、结拜小姐妹的丈夫徐双林。周达明在茶馆等她，不时地站起来坐下去，掩饰着焦急不安的心情。

李关玉领着徐双林来到茶馆，为双方做了介绍后，周达明说明了今天的来意。徐双林听后非常兴奋。他当即介绍了浒墅关车站的日军驻守位置及交通等情况，并画了一张草图交给周达明。周达明听完介绍，看过草图，还要实地去看看。李关玉留下等候。徐双林平时爱好踢足球，同驻守在车站的日本职员比赛过，进出车站很方便。两人在车站四周察看了一会儿，回到茶馆，将草图上遗漏的又一一补上。

浒墅关镇紧靠京杭运河，有居民一千多人。车站位于镇东北一里许的铁路南侧，附近还有两个小村子。那时车站业务不忙，白天东西一来一往两趟客车，晚上就没有客车经过了。车站驻有日军警备队约三十人，小队长叫大丸内。车站靠东有木屋三间，外面用铁丝网围住，驻有日军小队长和士兵十余人，门口设一个岗哨，中间是月台和票房、站长室等业务用房四间，靠西建有木平房六七间，四面有砖头围墙，墙上有枪眼，驻有日军一个班，墙外设一个岗哨。所有这些，都深深地印在了周达明的脑海里。

侦察任务完成后，周达明立即返回指挥部汇报，李关玉则留下和徐双林一起监视敌人。周李约定，如有敌情变化，李关玉就速回部队报告。

歼 敌

“江抗”总指挥部领导听取周达明的侦察汇报后，制定了周密的作战方案。决定兵分几路：一路抢占东桥镇，扫清道路；另一路攻击黄埭镇伪军，牵制敌人；第三路由一支队攻击浒墅关。一支队的分工是：二连主攻车站；一连往车站东面警戒，炸毁黄花泾铁路桥，阻止苏州援敌；三连往车站西边警戒，炸毁白潭尖铁路桥，阻止无锡援敌。

1939 年 6 月 24 日上午，总指挥部召集排以上干部会议，叶飞做了攻打浒墅关火车站的动员。当日傍晚，部队冒着绵绵细雨，沿着泥泞小道，向浒墅关方向进发。部队渡过蠡河到东桥镇时，天色已黑。参谋周后荣率领侦察排解决了警察所，抓获了伪镇长和巡官等五人。战斗指挥所就设在东桥镇上。

担任主攻的一支队三个连在接近浒墅关时，按照既定部署，一连往东警戒，三连往西警戒。二连逼近车站时，已过半夜。只见五个巡逻的日军往车站方向走去，全然不知他们的末日即将到来。指导员吴立批带领二排不声不响尾随进站。连长吴立夏带领一排随向导越过铁路，摸到了日军小队长住的营房，迅即把三间木结构的营房包围起来。吴立夏

江南抗日义勇军总指挥部旧址

东进部队频频向日军发起进攻并取得黄土战、夜袭浒墅战斗的胜利。图为新四军战士

抗战初期活跃在江苏澄（江阴）锡（无锡）虞（常熟）地区的新四军第六团。中立者为叶飞

夜袭浒墅关纪念碑

以新四军六团为骨干的江南抗日义勇军在东进前召开誓师大会

向里一望，中间屋里没有住人，放有桌子和罐头食品等，东西两间屋住有日军。夜深人静，日军都已进入梦乡，鼾声阵阵。

吴立夏当即命令机枪手王明荣在大门口架好机枪，并命通信员通知二排，约定以两响手榴弹声为攻击信号。部署妥当后，吴立夏想把手榴弹从窗口投掷进去，谁知被铁丝网挡住了，伸不进，也敲不破。他转身从大门进到中间屋里，向日本兵住的两间房子各丢一枚手榴弹。战斗打响了。

一排战士连续向敌人住的房子投了二十多枚手榴弹，正巧碰到汽油桶和弹药箱，发出了巨大的爆炸声，熊熊烈火燃烧了起来。日军在屋内大喊大叫，赤身往外跑，又被机枪火力压了回去。不一会儿，左边木屋倒塌下来，插在屋顶的太阳旗也坠入火中。此时，突然从右边一间木屋的窗口跳出小队长大丸内。他身穿白色衬衫，已染上鲜红的血，睁着大眼睛，嘴里不停地号叫，凶狠异常。当我们两个战士将他生擒捆绑时，一个战士的手腕被他咬伤，另一个战士被他踢倒，眼看他要挣脱逃跑，才把他击毙。

指导员吴立批带领二排摸进营房大门后，隐藏在门墙边。门边正好放着一挺三八式轻机枪，二排长爬过去就提了过来。此时，一个睡得稀里糊涂的日本兵跑出来小便，大家赶快紧贴墙壁隐蔽好。当攻击信号响后，二排战士也迅即向里屋投入了一枚枚复仇的手榴弹，整个营房陷入一片火海之中。

经过半个多小时的战斗，歼灭日军小队长以下二十多人。我一排长陈阿德和侦察参谋周后荣在战斗中英勇牺牲。这两位抗日英烈，为中华民族的解放事业流尽了最后一滴血。

尾　声

方露出晨曦，“江抗”一支队凯旋。归途上，人民群众担茶送水，感谢和慰问英勇的战士们。在东桥，与攻击黄埭伪军得胜的部队胜利会师后，返回驻地。

清晨，苏州日伪军二百多人，乘着装甲车赶来浒墅关增援，当他们乱放着枪炮，气急败坏地追到东桥时，“江抗”已渡河离去。日军怕中埋伏，不敢贸然渡河，只好悻悻而归。

“江抗”夜袭浒墅关车站的第二天，京沪铁路大小车站戒备森严，交通一度中断，只有日军装甲车分段巡逻着。

浒墅关火车站战斗胜利的消息，像疾风迅雷一样传开。上海各大报纸纷纷登载了这一消息。浒墅关地区的各界群众兴高采烈地为“江抗”狠揍日军叫好！都说有这样的好军队，中国不会灭亡。在京沪沿线沦陷区的人民群众中，消息传得更加神奇，说，中国军队在浒墅关打死日军足足有五百多人，是共产党领导的军队，都穿草绿色军装，是一个骑白马的司令带领三十万大军进江南了……

浒墅关火车站战斗的胜利，震撼了敌人，照亮了京沪线人民的心，振奋了抗日情绪，在东路地区掀起了新的抗日高潮。

（中共苏州市委党史工作办公室供稿）

婆岗激战

文／胡家梁

1941年7月，广游二支队夜袭沙湾，战斗取得了胜利，鼓舞了人民群众对日伪斗争的意志，大大地提高了人民抗战必胜的信心，以顺德西海为中心的抗日游击队根据地得到了巩固。在这种形势下，中心县委和二支队司令部做出决定：注意捕捉战机，出击日伪，以恢复、发展禺南敌后抗日游击战。

根据这一决定，8月初的一天晚上，谢立全带领二支队一个精干小分队三十六人开往禺南，伺机打击敌人。部队星夜跨过条条河涌，穿过敌伪的层层封锁线，走过一条条羊肠小道，到第二天凌晨3时多，到达禺南的据点冼庄。

禺南地区自1940年11月敌伪进行“扫荡”后，形势恶化起来，广游二支队转移到顺德西海，俊杰社也被迫停止了公开活动。坚持留在禺南地区的中共党员在工委书记严尚民的领导下，分散在大岭、赤岗、诜墩、丹山、植地庄一带，宣传抗战，组织群众，开展统战工作，为恢复和发展禺南敌后抗日游击战打下了坚实基础。谢立全带着小分队到达冼庄，冼庄的群众向小分队诉说里仁洞伪乡长李少棠的罪行，请求部队为他们除害报仇。李少棠是里仁洞一个恶棍，他投靠李塱鸡成为里仁洞的伪乡长，是本地的土皇帝，经常到附近村庄对农民敲诈勒索，拉人打人无所不为。里仁洞一带的老百姓提起李少棠都咬牙切齿、恨之入骨。战士们听了群众的控诉，非常愤怒。

1941年8月12日，谢立全和严尚

谢立全

民在植地庄分析研究了禺南的情况。大家都认为如果不把李少棠的里仁洞巢穴摧毁，将会影响到党和部队在这个地区坚持斗争和开展工作。经研究决定，当天晚上除掉李少棠。

入夜，谢立全带领部队和十多名武装民兵从冼庄出发，摸黑直奔里仁洞。部队到达里仁洞村口，按计划由谢立全带一个战斗小组封锁炮楼，防止敌人逃跑；梁冠带领短枪组冲向李少棠大院，首先消灭地堡敌人。部队迅速接近目的地，炮楼和地堡里还传出赌博的喧哗声，梁冠带领短枪组一声不响继续前进。“谁？”地堡里传出吆喝声，接着，“砰砰！”两声枪响，敌人从地堡漆黑的枪孔里向外射击。走在队伍最前面的两名战士机警地冲到地堡边，把两颗手榴弹塞进地堡。“轰！轰！”两声巨响，地堡里的敌人被炸死了。在手榴弹爆炸声中，部队迅速冲进大院。大院里的伪武装人员还妄想抵抗，但枪口已经对准了他们的胸膛，只能做了俘虏。接着，谢立全带领小分队冲进炮楼，缴获了十多支长短枪。

战斗结束了，却找不到伪乡长李少棠。后来，从俘虏的口中知道李少棠不在院子里，而是在姘妇家中。

战斗结束后，小分队撤到彭庄后山的破庙里休息，留下霍文等几名战士和十多名民兵看守李少棠大院，清理战场。为了加强警戒，部队派出两个侦察小组，向广州方向和市桥方向侦察敌情；派出王流、冯润松带领一个班，十四人配备轻机枪一挺，据守大九岗，以便在发现敌情时掩护部队撤退。

次日拂晓，漫山遍野大雾弥漫。山上、树上、路上都笼罩着厚厚的雾气，白茫茫一片，数步之外什么东西都看不清。7时许，谢立全带着战士回到里仁洞，准备召开群众大会。突然，“砰”的一声枪响传来。这是枪信，或许敌人已在村外了。哨兵回来报告：几百个日军从新造方向分两路来犯，一路沿着公路向里仁洞前进，一路绕群山登上婆岗。

很明显，敌人企图对我军两面夹击，一举消灭我部。谢立全果断命令：趁敌人未形成包围圈，火速撤出里仁洞，沿着彭庄小路向敌人后方迂回撤退。谢立全迅速带领部队撤出，刚撤出村口，大九岗那边就传来激烈的枪声和掷弹筒的爆炸声——王流、冯润松他们已经和敌人接火了。这时，占领了婆岗的敌人对着里仁洞猛烈射击，封锁了部队撤退的道路。在这紧急关头，谢立全指挥部队用机枪、步枪猛烈还击，以火力压住岗上的敌人。乘着战斗空隙，谢立全带着指战员越过梯田迂回到敌人后面，从西北角沿山间小路冲向婆岗。

婆岗是个三四十米高的小山，周围都是梯田，山顶是一块纵横五六十米的平阳地，上面长满杂草和一棵棵高大的乌榄树。战士们上到婆岗，只见一百多名日军排成一字形向里仁洞开枪射击。谢立全一声暗号，战士们的手榴弹、机枪、步枪一齐向敌人背后开火。十多名日军立刻倒下，机枪手像死狗一样伏在机枪上，其余的日军仓皇逃到婆岗的东北麓。这时，战士吕燮冲上前去拖那挺机枪。机枪被日军的尸体压着，拖不出来，当他伸手去搬动尸体时，一个日军向他开枪，吕燮不幸中弹牺牲。随着时间的推移，婆岗上敌我双方各占一边。小分队指战员各自散开，利用梯田的死角，隔着茂密的乌榄树和杂草丛对敌射击，日军也倚着梯田集中火力向二支队战士猛烈射击，小分队的机枪手不幸中弹牺牲。这挺机枪是小分队最好的武器，两名战士马上冲出去要捡回机枪，刚冲出几步就不幸中弹倒下。谢立全为捡回机枪，他叫卢泗根掩护，一个手榴弹掷向敌军，趁手榴弹嗞嗞响之机，谢立全一下子滚过去，捡回那挺捷克机枪，继续战斗。

在大九岗，王流、冯润松他们正同另一路日军展开一场血战。他们总共才十四人，一挺轻机枪，战斗一打响就牺牲了两名战士。日军对他们展开了轮番冲锋。八个日本兵向他们阵地冲，当他们走至阵前约五十米时，王流的机枪响了，两梭子子弹“报销”了敌六人，剩下两个滚下山去了。接着，一个日军指挥官舞着军刀督促着二十多个日本兵往山上冲。战士潘有才举起步枪瞄准那日军军官，对王流说：“队长，你看我的。”接着“砰”的一声那军官应声倒下。潘有才正要继续说什么，不幸被敌军打中胸部，鲜血洒在大九岗上。王流马上为他包扎。他无力地睁开双眼，说：“你快指挥战斗，我……”话未说完，便闭上眼睛，为抗战流尽最后一滴血。战士霍炎廉看见牺牲了几个战友悲愤交集，不管敌人的枪林弹雨，索性屈起膝盖对敌跪射。他狠狠地向山下敌人射击，连续打死了几个日本兵后，也中弹牺牲。

大九岗上，我战斗员越来越少了。一百多名日军一窝蜂似的往山上冲，冯润松大叫一声：“同志们，拼手榴弹！”随着他的喊声，一排手榴弹在敌群中开花。王流端起机枪向敌人扫射。敌人被打下去了。过了一会儿，日军又在几挺机枪的掩护下，蜂拥着冲上山。日本兵的子弹像冰雹一样往山上撒来，大九岗上硝烟弥漫，沙石横飞。忽然，一颗子弹把王流的腮部打穿了，他用衣袖一抹脸上的鲜血，继续指挥战斗。

战斗仍在继续，大九岗上这个班只剩下几个人了。但是，阵地还牢牢地掌握在二支队战士手里。

下午2时多了，敌我双方还在对峙着。敌众我寡，部队人员还可能继续有伤亡，弹药也越来越少，部队的处境越来越困难。谢立全环视周围环境，准备选择部队撤退的路线。忽然在婆岗战场后面响起来了喊声：“打呀！打倒日本鬼子！”随着喊声，跑来了一百多人。原来他们是番禺工委副书记梁奇达从诜墩带来支援部队的民兵。

民兵喊声在山间回响，吓得日军不敢前进，只用掷弹筒和机枪盲目乱打一阵便撤退了。

婆岗上的战士们撤下来，并通知王流他们撤退。当王流他们接到撤退命令时，敌人正向山头发起冲锋。王流他们把一排排的手榴弹掷向敌群，趁手榴弹爆炸的时候迅速撤下山。正在这时，冯润松腰部中弹，血流如注。王流扶着他，在诜墩民兵的接应下撤出了阵地，前往与谢立全会合。晚上，他们一起转移到诜墩。

婆岗激战，二支队小分队指战员发扬了高度的自我牺牲精神，面对十倍于我之敌，毙伤日军三十多人，给那些耀武扬威、不可一世的日军一个迎头痛击。小分队指战员在战斗中英勇牺牲十余人。

（本文选自《番禺日报》）

粒粒白米情意浓

文／张小云

1929年冬，毛委员率领红四军又来到新泉。新泉工农妇女夜校学员饶仁凤见毛委员常常带领指战员翻山越岭，走村串户，访贫问苦，可每天吃的不是粥汤就是地瓜，连一碗白米饭都吃不上，饶仁凤和乡亲们心里难受极了。

一天，饶仁凤来到几个姐妹中间，谈起毛委员吃粥汤和地瓜的事，姐妹们都十分感动，商定：每人回家凑一筒米，舂白后给毛委员送去，好让他吃顿白米饭。

后来，事情被村里人知道了，男男女女，老老少少，有用米筒装的，有用竹箩子提的，有用小簸箕端的，有用衣襟兜的……都把米拿来要给毛委员送去，可热闹啦！饶仁凤被全村人团团围住，不停地责怪声搞得她不知如何是好。节骨眼上，夜校学员李秋凤、杨佛圆等担着箩筐蹿入人群："大伙别闹了，都把米倒进来吧！"顷刻间装满了六箩筐大米。

刚吃过午饭，饶仁凤随同本村几个姐妹挑着白白的大米来到毛委员居住的"望云草室"。担任警卫的红军告诉她们毛委员在开会，要她们等着。不一会儿，毛委员便得知了情况，立即领着开会的同志出来接见她们，亲切地问她们是哪个村的。

"我们是官庄村的。"饶仁凤紧接着回答。

毛委员笑着说："有五里路程，挑这么重的米，姐妹们够辛苦的了，来来来，请先喝口水吧。"

"唉，毛委员咋知官庄村距离新泉

毛泽东在新泉镇居住的“望云草室”

村五里地？”饶仁凤觉得挺奇怪的，于是开口问道，“你到过我们村？”

毛委员风趣地说：“现在还没有去过，以后我会去的。”

不一会儿，一位红军同志来到姐妹们跟前，行完军礼说道：“感谢姐妹们对军队的支持和关心，红军有纪律规定，不拿群众一针一线，毛委员叫我把这些白米给送回去。”

姐妹们以为是开玩笑，谁都不相信他说的话。毛委员看出了内情，补充了一句：“这是真的。”

这下可把她们急坏了，饶仁凤急得眼眶里噙满泪水，差点儿哭出声来：“毛委员啊，您要是不肯收下这些大米，我如何向乡亲们交代呀？我们来时全村人还一直要我们多向您问几声好，说这是全村人的一点心意，可现在……就这一回，请您收下好吗？”

毛委员语重心长地说：“我知道你们有很多难处，你们回去告诉官庄的父老乡亲们，我很感谢他们。等全国劳苦大众都组织起来，将所有的土豪劣绅都打倒，把整个人吃人的社会推翻以后，我们大家再一起来吃白米饭，一块过富裕的日子！”

姐妹们被毛委员的一番话说得热泪盈眶，连话都说不出。毛委员又亲自为她们倒上开水，随后叫几位红军战士帮她们把米挑回去，并握着饶仁凤的手说：“回去后向大家解释清楚。我过几天到你们村去，欢迎吗？”

饶仁凤等几位姐妹，含着热泪，深深地点了点头。

两天后，毛委员和几位红军同志从新泉徒步来到官庄。乡亲们个个乐开了怀，家家户户把留着过年吃的炒地瓜片也端出来，还将红军送回来的白米磨制了“捆粑”（一种用米磨制的粮食制品）让毛委员品尝。毛委员在“报一公祠”边品尝边召开了调查会，让群众对红军中存在的问题提意见。这个调查会为后来著名的“新泉整训”打下了良好的基础。

（本文选自红色闽西网）

可亲可敬的黄大娘

文／潘建勋

在整个抗日战争期间，中共南乐县委向广大人民群众宣传抗日思想，扎根于基层，严格遵守“三大纪律”“八项注意”。经常帮助群众收麦子、搞秋收、干家务活，又对日伪军的侵扰给予有力打击。广大群众深切体会到共产党、八路军才是人民的子弟兵，是人民的亲人。人民群众更加积极地投入到保卫根据地的斗争之中。在抗日战争中，南乐县涌现出的军爱民、民拥军的故事不胜枚举，至今还让人津津乐道。黄大娘的拥军故事更是让人倍感亲切和温馨。

黄大娘是南乐县跳堂村人，儿子黄章锁是共产党员。黄大娘宽厚仁慈，勇敢机智，极富爱国正义感。1940年前后，党组织决定选择黄大娘家作为秘密抗日联络据点，黄大娘多次为抗日工作传送情报，并且胆大心细，从未出现过问题。后来，党的干部经常隐蔽在她家，每天晚上出去工作，无论多晚都回到她家休息，黄大娘给抗日工作人员烧水、做饭就成为常事。到了她家，不管白天、晚上，早到就早吃，晚到就晚吃，从未让到她家休息的抗日人员挨过一次饿。她还主动为他们缝补衣服。根据地人民子弟兵都亲切地称呼她为“可亲可敬的黄大娘”。

一个冬天的晚上，抗日干部李敬珍和小王从西王庄转移到黄大娘家。黄大娘马上把从未用过的新被子抱出来，收拾床铺。李敬珍和小王过意不去，就推辞不盖，黄大娘笑道：“你们努力打鬼子，等把鬼子赶走后，革命胜利了，全国人民就都能盖上新被子，你们现在盖一床新被子又有什么呢？”李敬珍和小王感动地接过了新被子。接着黄大娘又收拾东西，让他们烤火，上炕取暖，还忙着给他们做饭充饥。李敬珍和小王感觉就像孩子见到慈母一样温暖。

黄大娘时刻关心抗战工作人员。环境一旦恶化，她就坐卧不安，十分担心，嘱咐他们处处留神，生怕被敌人逮捕。她还主动承担了照顾伤病员的工作。有一次，一名干部因伤病重，安排在她家养病。她天天忙着给这个伤病员做饭、烧水、熬药、喂药。为给伤病员补充营养，将亲友送给她的水果、鸡蛋收藏起来拿给伤病员吃。有时，她年纪尚小的儿子看见了，就要吃这些水果、鸡蛋，她就教育孩子：“这个叔叔为打鬼子负了伤，吃了水果、鸡蛋后才能很快恢复，才能上战场为我们多杀鬼子。”懂事的小儿子也就不再说要吃这吃那了。有时伤病员们趁着黄大娘不在，偷偷把那些鸡蛋、苹果拿给她小儿子吃。一旦被黄大娘发现，她就会批评小儿子，并对伤病员说：“你们干革命打鬼子还不是为了他们这一代？没有苦上苦，就没有甜上甜，为了早日解放过上幸福日子，也就只好让他们先陪着我们吃一点苦了。这对他今后长大成人是有好处的。”黄大娘还变着花样给伤病员改善生活，经常给伤病员买东西吃，使伤病员得到了无微不至的关怀，身体很快康复，继续投入抗日斗争。

黄大娘在危急时刻，还能沉着机智地保护抗战人员的生命安全。一次，李敬珍和搞扩军工作的两位人员在家休息。次日早晨，近德固炮楼上的日伪军包围了村子。黄大娘的大儿媳起来一开门，三个日本兵和伪军便进了院子。她就大声喊：“娘，皇军来了。”几个抗日工作人员正不知如何才好，黄大娘急中生智，对他们说：“别慌，我就说你们是我的孩子。”正说着，一个日本兵端着刺刀进了屋，问有没有八路。黄大娘不慌不忙地回答道：“没有。”这个日本兵对着李敬珍等工作人员说道：“你们，八路的干活？”黄大娘又紧接着说：“皇军，他们不是八路，是我的儿子、媳妇。”日本兵就向他们要起了良民证，她连忙接着说：“他们走亲戚了，刚刚才回家，在回来的路上碰到八路，把良民证搜去了。”日本兵便恶狠狠地说：“什么？八路的搜去？”黄大娘的院子里摆着一筐花生，院子里的日伪军喊着叫着抢花生吃，屋里这个日本兵也顾不上再细细追问，急忙跑出去抢花生。黄大娘就急忙给日伪军搓花生，吩咐李敬珍倒水、搬凳子。日本兵一看招待得周到，说：“你们大大的好。”就边吃边拿着花生走出了黄大娘的家门。李敬珍等才得以脱险。

（本文由中共南乐县委党史研究室供稿）